Diario de Sofía

desde el saco de dormir

ALFAGUARA

Diario de Sofía

desde el saco de dormir

Rose Cooper

Traducción de
Vanesa Pérez-Sauquillo

ALFAGUARA

ALFAGUARA

www.librosalfaguarajuvenil.com

Esta es una obra de ficción. Los nombres, personajes, lugares y eventos son fruto de la imaginación del autor o están usados de manera ficticia. Cualquier parecido con personas reales, vivas o fallecidas, sucesos o lugares es mera coincidencia.

Título original: *Secrets from the Sleeping Bag*

Primera edición: mayo de 2013

ISBN: 978-84-204-1421-8
Depósito legal: M-12434-2013
Printed in Spain — Impreso en España

Maquetación: Javier Barbado

PRISA EDICIONES

Para mis chicos, Alexander y Samuel,
a los que quiero con todo mi corazón,
y quienes me han enseñado que contar secretos
es mucho más fácil que guardarlos.

¡¡¡PRECAUCIÓN!!!

Este no es un cuaderno cualquiera. ¡Es mi Cuaderno Pre-Blog supersecreto! Aquí es donde apuntaré todos los ~~cotilleos~~, ~~rumores~~ sucesos escandalosos que oiga este verano para poder pasarlos más tarde ¡a mi blog-fantástico blog! Porque claro, no me gustaría olvidar ningún detalle importante, ni dar datos falsos, por accidente.

¿Quién sabe cuántos problemas podría acarrear?

Y es que ha llegado uno de los momentos más MEGAIMPORTANTES del año: ¡las vacaciones de verano! Y aunque no tengo ni idea de lo que haré, lo que SÍ sé es que seguiré escribiendo en el mejor blog del mundo. Mi MAPS (Mejor Amiga Para Siempre), Nona Bows, dice que a veces soy demasiado entrometida, pero qué va, solo investigo lo estrictamente necesario.

Además, este año vamos a convertirnos en impresionantes alumnas de Segundo de Secundaria, así que es el doble de importante que nos aseguremos de que mi blog consigue hacerse popular. De esa manera podré escribir sobre mí, y Nona, y más gente impopular, para hacer que subamos (¡mucho, muchísimo!) en el *ranking* de popularidad.

Por cierto, si estás leyendo esto y tu nombre no es Nona Bows (e incluso si eres tú, Nona, dijiste que tampoco lo leerías A PROPÓSITO), entonces, sin duda estás cotilleando. A nadie le gustan los cotillas. Y conseguiré sacar tus huellas dactilares de esta página (no miento, me he comprado un kit), así que sabré exactamente quién eres.

¡Todo lo que compras por internet
está garantizado que funcione!

Por lo tanto, deberías evitar por completo este problema tan evitable y dejar de leer inmediatamente.

Eso es, deja en el suelo este diario inteligentemente camuflado de cuaderno vulgar y olvida que alguna vez leíste esta página. Olvida que voy a descubrir todo lo escandaloso que ocurra este verano y a ponerlo en mi blog. Ah, y olvida que sabes que yo, Sofía Becker, soy la Bla-bla bloguer.

Razones por las que NUNCA iría a un campamento de verano:

1. Apenas sobreviví al apagón que hubo durante la tormenta del invierno pasado. El apagón duró DOS horas. ¿Os lo imagináis? Necesito tecnología a mi alcance en todo momento.
2. Al parecer, la mayoría de los campamentos no tienen ordenadores. O sea, que nada de bloguear. ¿Hace falta decir más?
3. Cuando se trata de comida basura, como a toda velocidad. Probablemente moriría atragantada engullendo patatas fritas, devorando nubes de caramelo o metiéndo-

me por la nariz perritos calientes delante del fuego.

4. Lo más cerca que he estado alguna vez de "la intemperie" ha sido viendo esa serie de la tele, Supervivientes.

Y una vez que me quedé sin llave fuera de casa por accidente. De noche. ¡Durante una hora entera!

5. ¡Los bicharracos! Los bichos y yo NO hacemos buena pareja.

6. Estar lejos de mis amigos, de mi familia y de Sam Sam (el mejor loro del mundo) sería superduro.

Pero a pesar de todas estas razones de peso, aquí estoy, sentada con Nona en el asiento trasero del coche de mi padre para hacer un viaje de tres horas hasta Krakatow, un campamento de verano que dura cuatro semanas. ¡CUATRO semanas! Sí, me han enredado totalmente.

Esto fue más o menos lo que ocurrió:

Mis padres me ~~pidieron~~ obligaron a ir. Con tanto trabajo como tiene mi padre, y mi madre cuidando de Halli, mi nueva hermanita, no querían que estuviese sentada de brazos cruzados todo el verano, muerta de aburrimiento. Ya les parece que paso demasiado tiempo delante del ordenador...

Es como decir que paso demasiado tiempo respirando. ¿También debería dejar de hacerlo?

Pero lo mejor es que Nona también viene conmigo. A ella no le va nada el rollo *camping*. Tuve que pedirle un millón de veces que viniera.

Yo: Porfaaaaaaa... ven conmigo...

Nona: Hum...

Yo: Porfa...

Nona: Es que...

Yo: Anda... ¡Nos lo pasaremos super-bién juntas!

Nona: ¿Habrá chicos?

Yo: Guapísimos. Los más guapos del mundo mundial.

Nona: ¡Cuenta conmigo!

Ir de campamento con Nona me huele que va a ser alucinante.

Pero hablando de olores... a Nona le parece gracioso airearse los pies en el coche. Con las ventanillas cerradas. Debería estar prohibido apestar a la gente en espacios cerrados.

Bueno, mi madre puede hacerme morir de la vergüenza (sobre todo si tenemos en cuenta que es profe de mi instituto), pero a veces esto no se puede ni comparar con la megavergüenza ajena que mi padre rezuma. Nona y yo estábamos encerradas en un coche con él, con la radio a todo volumen, lo que ya era bastante horrible. La vergüenza empezó en forma de ataque provocado por la música.

Empezó con un tamborileo de dedos en el volante, continuó con sacudimiento de brazos, balanceo de cuello, y acabó con una grave convulsión de cabeza.

Y entonces llegó... ¡EL TARAREO!

Estaba tan desentonado y chocaba tanto con la música que parecía que el coche tenía problemas con el motor.

Luego llegó lo peor (sí, empeora)... ¡EL CANTURREO!

Ojalá papá fuera la radio.
¡Así podría APAGARLO!

Si alguien que no fuera Nona hubiera estado en el coche con nosotros, me habría planteado seriamente saltar del vehículo en marcha.

Bueno, si pudiera volar o algo así...

Pero Nona, que está acostumbrada a la locura de mi familia, e incluso la espera, se limitó a levantar una ceja y a decir:

—Qué agradable.

Lo que en clave significa "es tan terriblemente vergonzoso que no hay palabras para describirlo".

1. "Interesante". En realidad significa "Guau, es tan aburrido que por poco me muero".

2. "Impresionante". En realidad significa: "Tan horriblemente estúpido que no hay palabras para describirlo (excepto cuando yo lo digo)".

3. "Ya te entiendo". En realidad significa "no tengo ni la menor idea de lo que estás diciendo".

4. "¿A qué huele?". En realidad significa "¿Por qué hueles que apestas?".

5. "Estoy cansada". En realidad significa "Me aburres".

6. "¿En serio?". En realidad significa "Más vale que no estés hablando en serio".

Pero bueno, supongo que podría ser peor. Por ejemplo, Halli podría estar dando berridos durante las tres horas de trayecto (llora UN MONTÓN). Por suerte está en su ~~jaula~~ cuna, en casa, con mi madre.

Supongo que caerse por un barranco también podría ser peor que escuchar cómo canta papá

Nona iba leyendo su nuevo tebeo mientras yo jugaba con los cordones de mis zapatos.

¿De cuántas maneras diferentes puedes decir "aburrido"?

Aunque el verano es un momento importante del año para tener el blog actualizado, tendré que esperar hasta la vuelta del campamento. Lo que hace que mi cuaderno supersecreto sea ahora mucho más IMPORTANTE.

Razón n.° 1 por la que me alegro de ir de campamento

No mencionaré ningún nombre ni nada, pero...

¡No más Mia St. Claire!

Aunque ella también se ha ido fuera de veraneo. Al parecer está superocupada pasándoselo superbién en la casa superguay que tiene en la playa. Es la chica más frustrante e insoportablemente popular del mundo, con los rizos perfumados de fruta más brillantes. Se ha asegurado bien de que nadie en el instituto se perdiera la noticia de sus vacaciones en la playa.

—Me voy a embadurnar de crema y a tomar el sol, que es lo que hay que hacer en las zonas tropicales. Y después me lavaré el pelo con champú de mango, piña y kiwi tropecientas veces para quitarle la arena, porque eso es lo que pasa cuando te tiras el día tumbada en la playa. Y luego mis rizos, bañados por el sol, ondearán al viento de mi catamarán, porque eso es lo que haces cuando tus vacaciones son increíblemente alucinantes

Pero yo, con solo alejarme de ella durante el verano, ya no puedo estar más contenta. Y también por alejarme de la malvada Penelope, que intenta arruinarme la vida.

Ah, y de la compinche y mejor amiga de Mia, Maddie, que tiene el pelo tan largo que puede usarlo como un arma. ¿Puede ser más insoportable?

Aunque eso también significa que no veré a Andrew este verano. Andrew es solamente mi amor supremo de la historia del universo para toda la eternidad. En serio, ¿cómo podré sobrevivir este verano sin verlo?

No. No he tomado estas fotos en secreto mientras Nona lo distraía

Creo que el campamento será la oportunidad perfecta para conseguir el contenido perfecto sobre el que escribir en el blog, y convertirlo en un rayo de sol veraniego para todos mis lectores.

¡POR FIN! ¡LLEGAMOS AL CAMPAMENTO!

LAS CABAÑAS

¡Santa madre del zombi procedente de Marte!

Resulta que todo el mundo tiene que llevar su equipaje en una caminata de kilómetro y medio hasta llegar a las cabañas.

¡KILÓMETRO Y MEDIO!

Por favor, perdonadme que muera

Quizás, si no hubiera traído un baúl megagrande con un equipo secreto de supervivencia dentro, no tendría que arrastrar una carga tan pesada.

Así que el campamento no es para nada lo que esperaba. Debería haber supuesto que, cuando mi madre dijo que era "pintoresco" y "con carácter", lo que realmente quería decir era "minúsculo" y "pasado de moda".

Y además, ajetreado. Mucho más ajetreado que un centro comercial en fin de semana. En vacaciones.

Dondequiera que mirara había montones de chicos. Pero si creíais que Nona y yo íbamos a pasar desapercibidas en el mar de gente, no. Como un misil termo-dirigido, una chica con gafas vino volando directa hacia nosotras en cuanto llegamos a las cabañas. Se aferraba a una tabla sujetapapeles, llevaba un silbato alrededor del cuello y parecía muy "oficial".

Se detuvo en seco delante de nosotras y empezó a señalar su tabla como si estuviera loca.

¿Se supone que tengo que saber qué quiere decir?

—Chicas, llegáis tarde. ¡Tarde! La puntualidad es muy importante. ¡Todos los chavales ya están en la charla de Orientación, que ya ha empezado!

Se comportaba como si se hubiera caído el mundo porque habíamos llegado diez minutos tarde. Normalmente le habría dicho algo como:

Pero al parecer es nuestra monitora, y tiene poder para hacer que nuestro verano se convierta en un infierno. La etiqueta con su nombre dice "Priscilla Jane" y yo cometí el error de llamarla solo Priscilla.

Antes de salir pintando, nos ordenó que dejáramos nuestro equipaje y que nos juntáramos con los demás en Orientación.

"Orientación"
es la palabra en clave de "Normas para NO divertirse"

Un monitor está exponiendo las normas. Algunas no están mal, y eran de esperar. Como...

1. Mantener limpia la cabaña.

2. Hacer bien la cama cada mañana.

3. No molestar a los animales.

4. No salir nunca del terreno del *camping*.

5. No separarse nunca de tu compañero de campamento.

Pero se nota que algunas normas las hicieron los padres cuando estaban enfadadísimos con sus hijos.

1. Los campistas realizarán las tareas que les asignen con alegría.
2. Los campistas no tomarán las pertenencias de otros campistas sin permiso. (Ejem... ¿Es que nunca han oído hablar de lo de "tomar prestado"?)
3. ¡Se apagan las luces a las 22:00! Lo que significa:

No hablar. Ni siquiera en susurros. Ni siquiera un poquito.

No usar linternas ni lamparitas para leer.

No salir de tu litera por ningún motivo. Salvo emergencia.

Miro a mi alrededor y me doy cuenta de que la mayoría de los chavales están murmurando entre sí y sin prestar casi ninguna atención.

Excepto Nona, que se lo está tomando demasiado en serio.

¡Incluso toma notas!

Pero yo sigo inquieta e intento adivinar qué chicas podrían ser mis compañeras de cabaña. ¿Veis?

Esto es lo bueno de ir a un sitio donde nadie te conoce:

Nadie sabe si eres popular.

Es como si el campamento borrase todo tu historial del instituto durante esas cuatro semanas. Lo que significa que puedes ser quien tú quieras.

¡Sí! ¡Puedes reinventarte a ti mismo! Así que este verano me voy a volver totalmente popular.

EXPERIMENTO: SER LA GUAY DEL CAMPAMENTO

Seré la sofisticada Sofia Becker. Sofisticada como Mia St. Claire, e instantáneamente tendré montones de amigos. Y todos me adorarán. Ojo: no confundir con admiración por Mia.

Porque no siento ninguna

Mi equipo secreto de supervivencia (que en realidad es un bolso del tipo bandolera que mi tía me regaló por mi cumpleaños) contiene todo lo que necesito para enfrentarme a este reto tan extremadamente ambicioso. Algunas de las cosas que llevo en él:

1. Un montón de complementos para el pelo

   He estado estudiando revistas de moda durante... como... cinco días enteros, y he encontrado algunos peinados nuevos muy monos.

2. *Sprays* muy chics con aroma frutal

Mis padres me regalaron un perfume llamado Naranja Narcoléptica pero, como quería algo que todavía fuera mucho más tropical, se me ocurrió la brillante idea de hacer un *spray* con mis propias manos. Lo he llamado Piña Pipirripiña. ¿Cuál es el ingrediente secreto? ¡Zumo de piña de verdad! ¡Quién sabe! ¡A lo mejor he dado con mi propia línea de *sprays!*

3. Deslumbrante brillo de labios

Bueno, pues me he comprado algunos de la marca Lip Smacker, pero quería realzar el brillo todavía mucho más. Nona leyó en una de mis revistas que la vaselina deja los labios superbrillantes. Tuvo la idea de poner una fina capa de vaselina sobre el Lip Smacker, así que me llevé un bote del cuarto del bebé.

4. Revistas

Sí, seguiré con mi investigación durante el tiempo libre que tengamos en el campamento para poder llevar a Segundo algunos de los descubrimientos que hagamos sobre moda.

5. Un gran lazo

La verdad es que me he tenido que convencer a mí misma para traerlo. No soy PARA NADA el tipo de chica al que le gustan los lazos. Pero he decidido que, puestos a llevar uno, tendría que ser el lazo más superincreíble del mundo mundial.

Nona SIEMPRE lleva una flor en el pelo, así que dijo que llevaría otro tipo de flor, y punto. Le dije que eso no era cambiar de identidad.

—Sí que lo es —dijo ella—, porque será un tipo de flor que yo normalmente no llevaría.

Entonces me pidió que le hiciera una a juego con mi lazo.

¡Seremos prácticamente gemelas!

Mientras Guy, el monitor, nos aburre explicándonos que el Campamento Krakatow (curiosamente, en inglés suena igual que "rómpete un dedo del pie") se llama así debido a un lago, y nos pone al corriente de la historia del lugar etcétera, etcétera... mis oídos se despiertan de golpe cuando oigo hablar de "la Bestia".

Sí, todas las edificaciones del campamento (excepto las cabañas) se llaman como un imaginario monstruo peludo:

¡El Bigfoot!

Y no te lo pierdas: la razón de que los hayan llamado así es porque en este *camping* ocurrió uno de los primerísimos avistamientos de Bigfoot. ¡En el mundo!

Guy el monitor vuelve a aburrirnos con su charla, sobre cómo el Bigfoot es solo un mito y bla, bla, bla. Pero yo no me lo creo. Y he tenido una idea.

¡Una brillante idea para descubrir al Bigfoot!

¡ASIGNACIÓN DE CABAÑAS!

Los cinco monitores y los monitores en prácticas se ponen en fila delante de nosotros.

—Bueno —dice Priscilla Jane, alias "la Prisci", mientras da golpecitos con el boli en el borde de su tabla sujetapapeles—, cada cabaña tiene el nombre de una mariposa. Os daremos el nombre de vuestra mariposa y después os agruparéis correspondientemente. ¿Comprendido?

Hay un par de asentimientos de cabeza, pero nadie responde de verdad.

—¡No os oigo! —grita la Prisci.

—¡Sí! —exclaman todos. Incluida yo. Pero solo porque me siento amenazada.

Uno por uno, los demás monitores (que parecen mucho más agradables que la Prisci) van diciendo los nombres de las cabañas: Monarca, Reina, Pavo Real, Dama Pintada.

—Sofía —dice la Prisci—. Tú estás en...

¿Me están tomando el pelo? ¡Mi cabaña se llama como algo que tienen los viejos!

O eso de lo que se queja mi madre cuando la he estresado demasiado...

Pero de pronto me fijo en Nona, porque dicen su nombre y se dirige al grupo que está AL LADO del mío. No AL MÍO.

¿Cómo? ¿Es que ni siquiera estamos en la misma cabaña?

Este imprevisto me pone de mal humor.

Pero... Nona parece que va contenta hacia su grupo.

Y no puedo culparla.

Tiene un montón de razones para estar contenta. Por ejemplo, le ha tocado una buena monitora, mientras que yo tengo a la Prisci.

¿Y qué más? Pues que está en la cabaña de las reinas.

Espero que no se le suba a la cabeza.

EXPERIMENTO: MODA "REFRESCANTE"

Mi experimento de moda veraniega en realidad no ha resultado ni guay ni refrescante. De hecho, prácticamente me estoy derritiendo en sudor. El lazo que hice es superabrigado. Y más al aire libre, bajo el sol abrasador del verano. Algunas de las chicas de mi cabaña me miran como si sudar fuera contagioso o algo.

¿Qué pasa? ¿No es de lo más natural que los lazos también se pongan mustios y suden?

Después me he dado cuenta de que en realidad me miran así porque el sudor ha hecho que el lazo destiña y no sé cómo llegue hasta mi piel

NO era esta la manera que quería de llamar la atención precisamente...

No sé por qué se ha desteñido así. ¿Puede que tenga algo que ver el que el lazo estuviera en la caja de "todo a un dólar" de la tienda?

A Mia St. Claire nunca la habrían sorprendido sudando.

Mia resplandece

Pero conociendo a Mia, sus lazos deben de estar hechos de algún material ultraligero que cueste un dineral y que probablemente no sea tan asfixiante como el mío.

En fin. Decido que puedo prescindir del lazo y aun así seguir a la moda.

Además, se me estaba torciendo hacia abajo la cabeza y ya empezaba a tener calambres en el cuello

MIENTRAS TANTO...

Todas las compañeras de cabaña de Nona están haciendo "ohhh" y "ahhh" ante la flor tan perfecta que lleva en el pelo. Me niego a que me dé envidia.

LA CABAÑA MECHÓN GRIS

Mientras termino de sacar las cosas de mi baúl y las coloco, me doy cuenta de que casi todos los baúles de las demás están pintados de colores alegres. Algunos tienen unos dibujos muy chulos, y otros tienen un montón de pegatinas guays. El mío parece soso y aburrido en comparación con el de ellas. Puede que tenga la oportunidad de arreglarlo estando aquí.

Saco mi cojín rosa esponjoso y el otro con forma de pastel, y los tiro sobre mi litera.

—¡Ohhh! —dice una chica a mi espalda. Me doy la vuelta mientras se pone a dar palmas y saltitos.

No sé bien qué decir, porque sigue hablando sin parar y ni siquiera parece tomar aire.

—Ay, soy Gabrielle. Pero puedes llamarme Gabby, para acortar. Este es mi segundo año aquí. Para ti debe de ser el primero, porque no te recuerdo. ¡Y seguro que me acordaría de alguien con un cojín tan chulo con forma pastel!

Los grititos de Gabby atraen a las demás chicas de la cabaña, que se agolpan a nuestro alrededor para ver la causa de tanto alboroto.

—Yo tengo un cojín *vintage* rojo que llevo conmigo a todas partes —dice una llamada Makayla, levantándolo.

—El mío —dice Bethanie— está hecho de retales. Me lo hizo mi abuela.

De pronto parece que estemos en una exposición escolar sobre cojines. Todas están comparando los suyos y pasándoselos a las demás.

Hasta que irrumpe de golpe una pelirroja con la cabeza llena de rizos saltarines, como muellecitos. La habitación se queda totalmente en silencio mientras se apodera de la litera que está encima de la mía y tira sus cosas encima con enfado. No nos mira ni una sola vez. La verdad es que nos ha cortado el rollo. Todo el mundo vuelve a su litera y termina de deshacer la maleta. Juraría que "la Borde" murmura para sí "estúpidos cojines".

Genial. De entre todas, ha tenido que ser ella mi compañera de litera. Al menos me he quedado con la cama de abajo, cerca de una ventana que da a las cabañas de los chicos.

OBSERVACIÓN CASUAL SOBRE EL CAMPAMENTO

Definitivamente, el verano es el momento de conocer gente nueva. Y si algo he aprendido sobre la gente nueva, es que alguien que va arramblando por ahí con enormes botas viejas en pleno verano, sin duda tiene problemas. Problemas de los que tienen que ver con la violencia y la mala educación. Y además, las mariposas son feas. Todas. O eso me parece a mí.

COMPETICIÓN ENTRE CABAÑAS

La primera actividad de grupo que tenemos con nuestras compañeras de cabaña es una competición. Debemos hacer carteles originales para las cabañas, utilizando el nombre de cada mariposa. Luego los carteles se colgarán sobre las puertas de las cabañas. El equipo ganador podrá salir a cenar cinco minutos antes.

Los chicos están teniendo la misma prueba en su lado del campamento. Creo que los monitores nos lo han dicho para motivarnos y que verdaderamente intentemos ganar.

Bethanie y Gabby tienen tantas ideas que es difícil decidirse por una. Aparte, ¿cómo hacer que un cartel parezca bonito con las palabras "Mechón" y "Gris"? Así que hacemos justo lo contrario y dibujamos un montón de mariposas de colores alegres y brillantes.

La Borde echando por tierra todas las demás ideas

Las otras cabañas también hacen un buen trabajo. Las pavas reales pintan mariposas alrededor de su nombre, pero les han puesto alas que parecen plumas de pavo real.

Una de dos, o eso o es que las alas tienen los ojos saltones

Las monarcas y las reinas, ambas han utilizado coronas en sus dibujos. Pero las damas pintadas son mis favoritas.

Y también son las ganadoras.

Por si no fuera bastante obvio, la Prisci es de las que siguen las normas "a rajatabla". Hasta ahora, no la he visto sin su tabla sujetapapeles.

Me está poniendo de los nervios. Es como si estuviera tomando nota de cada movimiento que hago.

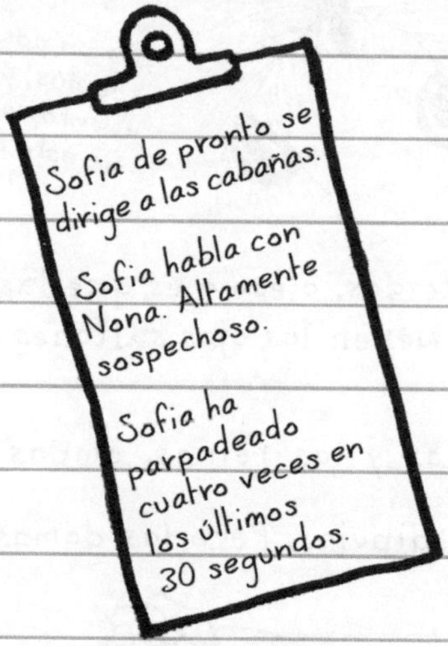

Antes de ir al comedor, la Prisci nos ~~habla~~ sermonea sobre lo importante que es mantener limpia la cabaña y seguir todas las normas, porque cada cabaña recibe puntos por buen comportamiento. La cabaña con mayor número de puntos al final de las cuatro semanas gana una excursión superdivertida (y supersecreta) con una cabaña de chicos. ¿Cómo he podido perderme esa parte en Orientación?

KHLOE

Nuestra monitora en prácticas, Khloe, que es como el miniyo de la Prisci, es igual de pesada que ella. ¡Hasta tiene una minitabla!

—¡Chicas, poneos en fila! ¡En línea recta! ¡Venga!

La Borde pone los ojos en blanco, como suele hacer con todo el mundo, y agarra su cuaderno antes de irse al final de la fila.

Se llama Olivia. ¿Y qué tiene eso de raro? Que en su cuaderno pone "Madison". ¿Por qué lleva siempre un cuaderno con el nombre de otra chica? Va con él A TODAS PARTES.

Seguro que incluso a la ducha

En serio, escribe más en su cuaderno que yo en el mío. En vez de escribir un comentario al día, parece que escribe uno por minuto.

13:52, 2 segundos
Solo un breve comentario de última hora. Sin novedad.

13:52, 30 segundos
Todavía sin novedad.

O por segundo

Nos dirigimos al comedor para cenar, intentando que nuestra fila esté lo más recta y silenciosa posible. Afortunadamente nos podemos sentar donde queramos, a diferencia del personal de cocina, que sirve la comida y come después del resto.

El comedor se parece bastante a la cafetería de nuestro instituto, salvo en que es una cabaña. Y la comida sabe bastante parecida a la de la cafetería, aunque no es tan insípida. Y es más sana.

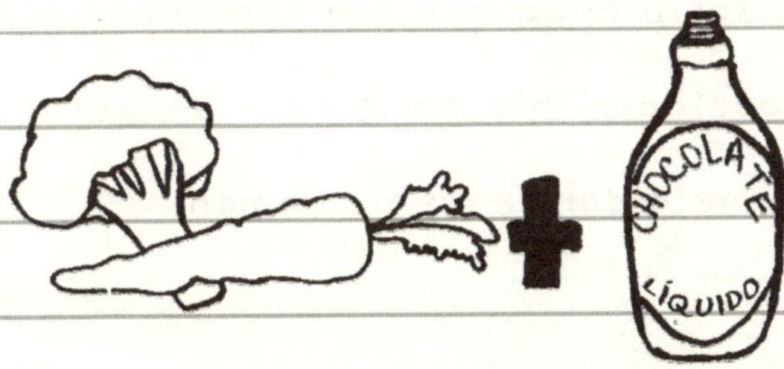

¿Es que nadie se da cuenta de que puedes hacer que la comida sana sepa mucho mejor?

Casi todos los chicos están sentados a un lado de la sala, mientras que las chicas están en el otro. Alzo la vista hacia Nona para ver si se ha fijado.

Nona está metiéndose comida hasta por la nariz, como si no hubiera probado bocado en un mes

Olivia está sentada al fondo de nuestra mesa sin tocar su plato siquiera. En vez de eso, está escribiendo en su cuaderno.

Me acerco a ella y le pregunto, toda educada, qué está escribiendo que sea tan superincreíblemente importante. Me pone cara de perro y dice que no me meta donde no me llaman.

¡¡¡LA PEOR MAÑANA DEL MUNDO!!!

¿Qué es peor que despertarse para ir al instituto? Por ejemplo... ¿levantarse supertemprano en un campamento? ¿Y en vez de que te despierte el timbre de una alarma, que lo haga una gigantesca campana atada a un árbol que no solo te saca del sueño con un susto sino que además también te da dolor de cabeza?

En cuanto recuerdo dónde estoy, agarro mi neceser y me encamino al baño.

Las chicas de Mechón Gris tenemos que compartir el baño con las monarcas. Para llegar allí, tienes que salir fuera. No pasa nada, porque está al otro lado de nuestra cabaña. Pero parece como si estuviera a un kilómetro y medio, porque hace un frío que pela.

Todas las duchas tienen una cortina superfina. En realidad parecen vestuarios pequeños de una tienda de ropa.

El viento entra en el baño cuando empujo la puerta. Es muy difícil ver algo dentro. Da un poco de miedo.

Después de meterme en la ducha, se ponen varias chicas a hacer cola, y cinco minutos más tarde parece como si las dos cabañas al completo estuvieran allí, quejándose por la espera.

Pero lo peor de todo es que he acabado duchándome con un escarabajo asqueroso en la pared de piedra que tengo al lado. Contengo la respiración, cuidando de no moverme demasiado. Pero es difícil porque el agua pasa de templada a fría cada cinco segundos.

En cuanto salgo, una chica me aparta para entrar y se apodera de la ducha.

—Más te vale haber dejado algo de agua caliente —gruñe.

¡Ja! Menuda sorpresa le espera.

Nos han asignado a cada una un casillero de baño para meter nuestras cosas (bueno, las que nos quepan). Yo apenas he podido meter a presión el secador. Después de quitarme la toalla, vestirme y de entrar un poco en calor, la monitora en prácticas Khloe anuncia la actividad de nuestro grupo, ya de vuelta en la cabaña.

—Hoy es la prueba de natación —dice con petulancia—. Vosotras y los escarabajos tigre la haréis a la vez.

—¿Los escarabajos tigre? —pregunta Makayla.

Khloe suspira y dice:

—Ya sabéis, la cabaña de los chicos. Vosotras os llamáis como mariposas, ellos como escarabajos.

Nos fulmina con la mirada como si tuviéramos que haberlo sabido, lo que me convence de no preguntarle por qué nos habíamos tenido que duchar si sabía que íbamos a ir directas al lago.

Después de ponernos el bañador, nos manda que tomemos nuestras toallas y que salgamos. Ahora toma el mando la Prisci, quien nos informa a gritos de la importancia de la puntualidad.

—¡Vamos, señoritas! ¡En marcha!

Luego suelta un pitido con su silbato, y juraría que ha apuntado directamente hacia mi oreja. A propósito.

Bajamos la colina hacia el lago. Los chicos ya están en el agua, y hay cuatro monitores. En principio, si conseguimos mantenernos a flote y pasar unas cuantas pruebas sencillas, aprobaremos las actividades acuáticas sin tener que dar clases de natación.

Y no pretendo hacerme la chula, pero mi destreza en el agua es extraordinaria. Nona y yo dimos clases cuando teníamos, algo así como... tres años, e incluso entonces me pasaron enseguida a un nivel avanzado. No me sorprendería que fuera mitad pez.

Bueno, dependería de qué parte del pez...

Quizás "pez" no sea la palabra apropiada. Apuesto a que Mia diría algo más refinado. Como "hermosa princesa sirena".

O "delicado delfín"

Nos quedamos en la parte que no cubre, mojándonos la cabeza en el agua y flotando boca arriba. Nadamos por turnos hasta una boya (que no parece estar nada lejos, la verdad) y volvemos. Después, para terminar, lo único que tenemos que hacer es mantenernos a flote durante dos minutos.

Miro a la chica que está a mi lado, que resulta ser Olivia. Me encojo de hombros.

—Podría flotar durante cinco minutos con las piernas atadas —digo. Ella me sonríe burlona, pero me da igual. La gente tiende a reaccionar así cuando tiene envidia.

—¿Listos? —grita uno de los monitores—. ¡Ya!

En el momento en que empiezo a patalear, un dolor agudo y penetrante me recorre una pierna.

Grito y me agarro la pantorrilla. ¿Me ha mordido algo?

Meto la cabeza en el agua, pero no puedo ver nada. De hecho, ni siquiera tengo la oportunidad de ver nada, porque antes de darme cuenta de lo que ocurre, me sacan rápidamente a la superficie. Del susto se me mete agua por la nariz.

—¡Código amarillo! —oigo que grita alguien.

—¿Qué es código amarillo? —le pregunto a la monitora que me está arrastrando hacia la orilla del lago.

Estoy tosiendo y atragantándome. Y además, completamente pasmada por lo que acaba de suceder.

—Emergencia —me responde—. Casi te ahogas.

—¡No! Estoy bien —repongo.

Dice que tengo que sentarme a descansar el resto del tiempo.

No veo por qué tanto numerito. Solo me ha dado un calambre en la pierna.

O quizás estuvo a punto
de atacarme una
feroz criatura marina

Pero de lo que estoy segura es de que no me estaba ahogando. ¡Si podía haber hecho pie si hubiera querido!

Me duele todavía la pierna, así que voy cojeando hasta la roca donde dejé mi toalla de playa y la levanto, la sacudo y me envuelvo con ella.

Mientras me escurro el agua del pelo, oigo risitas ahogadas. Levanto la vista y me doy cuenta de que todos tienen la mirada clavada en mí.

¿Qué me pasa? ¿De qué se ríen?

¡Oh, no! Mi madre había metido en la maleta las toallas que usaba cuando iba a clase de natación con Nona. No puedo creerlo. ¡Si tenía unas nuevas, superchulas, para el campamento!

—Póntela del revés —me dice Olivia en voz baja.

¿Estaba haciendo una buena acción en ese momento?

Los monitores tocan sus silbatos para llamar la atención de todos, aunque todavía sigo viendo algunas miradas fijas en mí. Solo espero que nadie recuerde nada de esto...

MANUALIDADES

Por lo menos Nona y yo conseguimos hacer algunas actividades juntas. Nada más verme, dice:

—Casi me ahogo —digo.

—Pero ¿de verdad llevabas una toalla de Bob Esponja?

Frunzo el ceño.

—¿Y eso qué importa? ¡Casi me devoró un monstruo marino! Pero lo arreglé, porque pude hacer la prueba otra vez y aprobar.

Estamos en el exterior del Taller de Arte Bigfoot, donde nos piden que utilicemos cualquier cosa que encontremos en la naturaleza para hacer algo creativo. Menos mal que Creatividad es mi sobrenombre...

Nona se pone a escarbar en un montón de hojas. No tengo ni idea de lo que está buscando.

—¿Qué tal te caen las chicas de tu cabaña? —le pregunto para cambiar de tema.

—¡Son geniales! —dice con demasiado entusiasmo. Le lanzo mi mirada de ceja levantada.

—¿En serio?

—Sí, en serio. Hay incluso dos gemelas: Izzy e Inna, que son supermajas. Lo dicen todo a la vez. Es como si compartieran el mismo cerebro o algo.

Recojo un montón de ramitas, pensando en que tal vez pueda construir algo creativo con ellas.

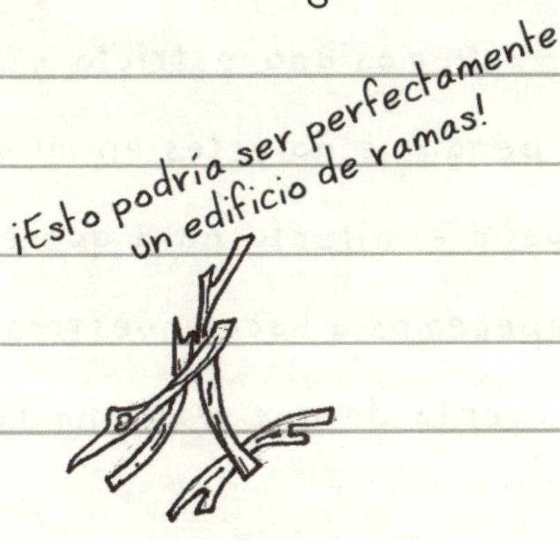

—Una de las chicas de mi cabaña parece que me odia —le confieso—. Bueno, parece que odia a todo el mundo.

Le cuento a Nona todo sobre Olivia.

Se encoge de hombros.

—Tal vez que no le guste estar lejos de casa.

—Tal vez.

—Mi monitora es la mejor —dice Nona—. Es superguay. Nos deja quedarnos despiertas un rato después del toque de queda si no hacemos ningún ruido.

Ni siquiera sé por dónde empezar a hablarle de la Prisci. Pero no hace falta decir nada: ya se ha corrido la voz.

—¡Me han dicho que tu monitora es la peor! —dice Nona—. Demasiado estricta y siempre en tensión. Qué pena que no estés en mi cabaña.

Cuando suena el silbato para que entremos en el taller y empecemos a hacer nuestras manualidades, me doy cuenta de que Nona ha recogido una rama grande, algunas plumas y unas cuantas hojas, mientras que yo solo tengo en la mano una pequeña ramita de árbol. Pero no me rindo. Todavía podría hacer algo impresionante.

Dentro del taller hay mesas con pegamento, brillantina, cuerda, pompones, pegatinas y un montón de cosas más para darle *glamour* a nuestros proyectos.

Agarro la botella de pegamento que está entre Bethanie y yo y empiezo a embadurnar mi rama. Todavía no sé lo que estoy haciendo.

Después tomo brillantina y la espolvoreo sobre la rama. Al hacerlo, me doy cuenta de que un poco de brillantina se me queda pegada en las yemas de los dedos. Busco algo con lo que limpiarme las manos, pero lo único que encuentro a mi alcance es papel de seda. Naranja chillón, para ser exactos. En cuanto lo agarro, me doy cuenta de que es un error.

¡Se me pega a las manos!

Intento despegármelo, pero se rompe y se queda hecho jirones, pegado a mis dedos.

Nona ve que las estoy pasando canutas y se ríe tan fuerte que atrae la atención de la gente a nuestro alrededor. Incluyendo algunos de los chicos. Sé que me he puesto roja como un tomate, porque puedo sentir que el calor se me sube a la cara.

Meto rápidamente las manos en los bolsillos, deseando no llamar más la atención.

Suena el silbato y la monitora de Nona, Jessica, pide silencio para que la atendamos.

Bajo los ojos hasta mi rama semibrillantosa. Puaj. Qué desastre. ¿Qué voy a decir?

Cuando Jessica llega a nuestra mesa, Nona levanta su obra, un palo largo y delgado decorado con plumas, hojas, brillantina y lazos. Tengo que admitirlo, es bastante guay.

—Es una varita personalizada —dice, levantándola.

Después de un montón de "oes" y "aes", una chica grita:

Luego, Nona y todos los demás se fijan en mí. Levanto mi rama y al hablar me sale un gallo.

—Este es mi... ejem... esto...

De pronto no puedo pensar en nada. Se me ha bloqueado el cerebro y me quedo ahí mirando atontada a la rama o lo que sea.

Bethanie se inclina hacia mí, me susurra al oído y después me pone algo en la mano.

Le sonrío de oreja a oreja, pongo los pendientes en la rama y la levanto con orgullo.

¡Es un árbol de pendientes!

Algunos hacen comentarios del tipo "¡Qué original!" y "¡Qué creativo!". Justo cuando ya creo que todo ha acabado bien, un chico grita:

Todos se echan a reír y yo hago lo único que puedo hacer: me río con ellos, deseando que eso disfrace la vergüenza que siento en realidad. Otra vez.

☆ ☆ ☆

No debería ser una sorpresa que me haya lesionado en la primera semana de un campamento cuyo nombre suena como "rómpete un dedo del pie" en inglés.

Fue como si un minuto antes no hubiera estado ahí, y al minuto siguiente... ¡ta-chán! Apareciera de pronto.

Olivia dejó en el suelo su cuaderno para ayudarme a que me levantara. Me quedé prácticamente sin palabras. ¡Era la segunda vez que se portaba bien conmigo!

—Deberías mirar mejor por donde andas —dijo con aire de marisabidilla, lo que contradijo totalmente su gesto amable.

Creo que me he roto el tobillo. O el pie. Lo que sí sé con seguridad es que cuando intenté apoyarme en él, sentí un dolor HORRIBLE. Y hablo de algo mucho más horrible que Mia St. Claire.

Me voy patacojaltando (saltando a la pata coja) hasta la cabaña donde está la enfermería. La enfermera dice que en realidad no me he roto nada. Es solo un esguince. Nada que un paquete de hielos no pueda arreglar. Así que me siento en una camilla con la pierna en alto. Y cuando el hielo se empieza a derretir, no sé cómo, empieza a perder agua o algo, porque lo siguiente que sé es que ocurren dos cosas muy humillantes, casi tan repentinamente como ese tocón que surgió de la nada:

1. Estoy sentada sobre un charco de agua.
2. Un chico supermono entra en la cabaña y se fija en mí.

Hago como si estar sentada sobre un charco fuera algo absolutamente normal

Pero lo que todavía resulta más humillante es que el chico mono se da cuenta de mi problema y toma algunas toallitas de papel.

Descubro que el chico mono se llama Jackson, y puede que haya afinado el oído para escuchar su asunto médico mientras hablaba con la enfermera del campamento.

Digo "puede" porque Jackson tiene una voz profunda, así que cuando habla es como un murmullo sordo. Le oí decir "zumaque", que no sé lo que es.

¿Un libro?

¿Un pez?

¿Algo de beber o de comer?

La enfermera pensó que estaba siendo demasiado dramática sobre el tema de la cojera, pero le aseguré que me dolía mucho y que no me sorprendería que mi tobillo estuviera roto de verdad. Pensé que dejaría que me quedara tumbada en la camilla un rato más, pero ni hablar. Me dio un par de muletas que había dejado allí un chaval el verano pasado.

¡Muletas! ¡Ahora todo el mundo sabrá lo patosa que soy!

43 MINUTOS DESPUÉS...

Durante el tiempo libre llego cojeando hasta Nona y le cuento lo que ha pasado.

¡HISTERIA!

Nona, como es la amiga más lista del mundo, me dice que el zumaque es como las ortigas.

¡ORTIGAS!

¿Sabéis lo que significa, no?

¡Yo también me he contagiado de ortigas!

¡Jackson me ha ofrecido toallitas de papel infectadas! ¡Y las he tocado!

Así que mi primera reacción es tirarme al lago.

O tirar a Jackson al lago

Entonces Nona suelta algunos datos sobre esto del zumaque. Como no me he lavado las manos enseguida, probablemente ya sea demasiado tarde para hacer nada. Si lo tengo, lo tengo.

Ya puedo sentir cómo empieza el picor

LA HOGUERA DE LOS VIERNES

Esta noche vamos a sentarnos alrededor de la hoguera a cantar canciones infantiles y a contar historias de fantasmas y probablemente hasta tostemos al fuego nubes de caramelo.

Nota para mí:

¡¡¡NO ATRAGANTARME!!!

Es genial que nos junten a todas las cabañas en la hoguera. Es el momento perfecto para ficharlos a todos.

Especialmente a...

LOS CHICOS

Uno muy mono, que permanecerá sin nombre, ¡habló conmigo!

Bueno, permanecerá sin nombre porque no se lo pregunté directamente

Básicamente, lo que me dijo fue:

Y yo le miré a los ojos, que eran superbonitos, y respondí:

Y así, sin más, me dio la bolsa de nubes para que se la pasara al resto.

Pero lo importante es que me lo preguntó A MÍ.

Y entonces empecé a rascarme como loca, lo que hizo que me mirara un poco raro. Así que murmuré algo sobre una picadura de mosquito. Espero que lo oyera, porque la verdad es que no quiero que nadie sepa que probablemente esté infectada por ortigas, porque entonces todos se alejarán de mí.

Los monitores nos hicieron cantar canciones infantiles que más bien eran canciones ridículas (había una sobre un mono y un árbol) y después relataron algunas historias de fantasmas que me asustaron más de la cuenta.

Olivia contó una historia sobre una bruja que acechaba en el bosque en un campamento de verano.

Pero las chicas estaban más atentas que los chicos, que parecían llevar a cabo una especie de competición sobre quién podía meterse más nubes en la boca.

Era tan divertido que tuve que señalárselo a Nona.

Pero por error apunté a un grupo de chicas con la nube tostada que había en la punta de mi palo. Y, bueno, ya os podéis imaginar... una cosa llevó a la otra y mi nube digamos que salió disparada y le dio a Olivia justo en los rizos pelirrojos y saltarines que tiene.

¿Fue culpa mía que estuviera sentada justo en mi campo de visión?

¡Madre mía! ¡Menudo grito dio!

¡La Borde tiene un buen par de pulmones!

Antes de darme cuenta de lo que estaba pasando, las nubes ya volaban en todas direcciones. Una incluso me dio en el ojo, y empecé a lanzarlas a diestro y siniestro yo también. La Prisci se metió en la trifulca, para detenernos, y yo... bueno, creo que le di con una nube.

Pero es lo normal cuando te metes en medio de un combate de nubes quemadas, ¿no?

Hemos perdido tantos puntos de buen comportamiento que hasta podríamos estar ya en números negativos.

COSAS DE LA ANTIGÜEDAD

Hoy hemos tenido que ver vídeos. De esos que llaman VHS. No sé lo que es, pero los vídeos eran superviejos. Probablemente hasta más viejos que mis padres, porque la calidad de la imagen era un asco total. Estaba toda granulada y me recordaba a una de esas fotos viejas que tus padres guardan y que se ponen amarillentas con el tiempo.

Pero es que además era difícil prestar atención a *La naturaleza es tu mejor amigo*. En general el vídeo hablaba de cada árbol, pájaro, bicho y lago que haya existido alguna vez.

Y a ese le siguió un segundo vídeo. No recuerdo el título, pero era algo como... "Qué hacer para que no te coma un oso". ¿Sabéis que hay normas que de verdad tienes que seguir si se te acerca un oso? ¿Y que nos las están enseñando un día *DESPUÉS* de que acampáramos al aire libre con esos osos asesinos? ¿Nuestros padres han pagado para enviarnos a un campamento con osos de carne y hueso?

Con la suerte que tengo, seguro que me encuentro con un oso rabioso al que le guste el chocolate incluso más que a mí

Empecé a quedarme dormida, pero Nona me clavó su codo, afilado y huesudo, y me pasó una nota.

¡Nona es la mejor! Se acuerda de lo que me gusta escribir mensajes. Y desde luego, esto ayuda a que me quite las ortigas de la cabeza.

Así que le respondo. Y ella a mí. Después de un rato tenemos una nota larguísima con divertidos comentarios sobre los demás, y la guardo dentro de mi cuaderno porque será un recuerdo buenísimo del campamento.

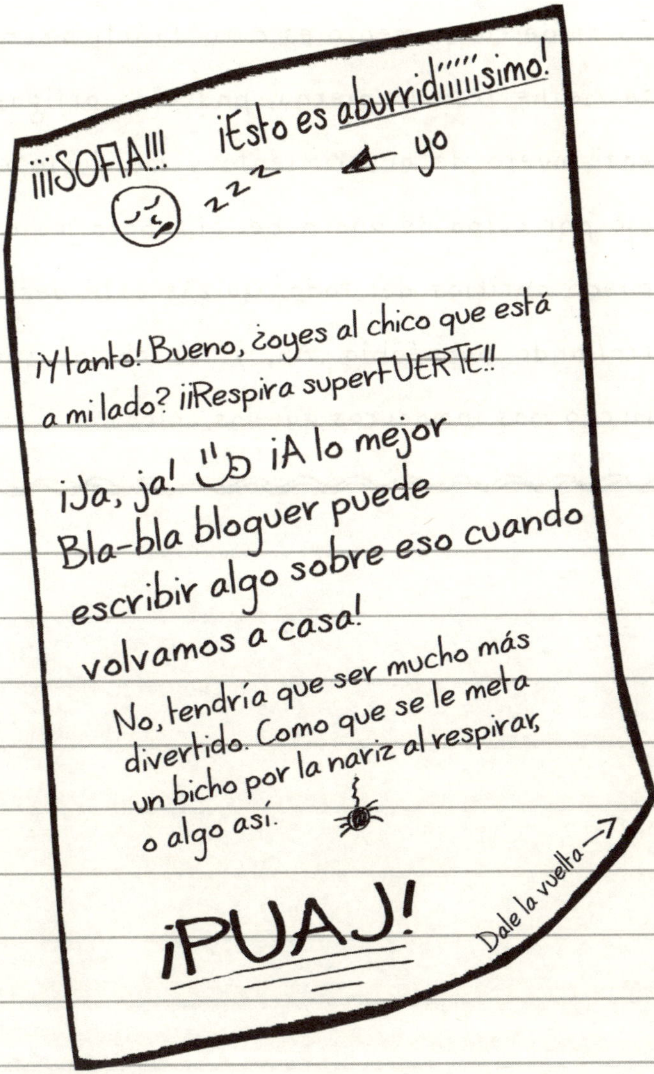

OBSERVACIÓN CASUAL SOBRE EL CAMPAMENTO

Estar de campamento es duro. Prácticamente me he roto la pierna, padecido ortigas, casi muero de aburrimiento y me duele el ojo por culpa de una nube. Sí, ahora me da miedo abrirlos del todo. Quizás esté desarrollando nubofobia. Ah, y los chicos son mucho más inmaduros que las chicas.

¡TIENES CORREO!

Hoy la mayoría hemos recibido correo. Paquetes con provisiones, para ser exactos. ¡Me ha pillado totalmente por sorpresa! Ni siquiera he escrito a mi familia todavía. Tendré que hacerlo enseguida sin falta.

Nona ha recibido también un paquete de su madre, así que nos hemos sentado a abrir el suyo y el mío a la sombra de un árbol grande que hay junto a su cabaña.

Rápidamente nos dimos cuenta de que nuestras madres habían preparado los paquetes juntas.

La prueba del crimen: ¡todo es igual!

Bueno, casi. El mío tenía una nota escrita a mano por mi madre y una foto de Halli haciendo muecas. ¡Nona recibió una bolsa de chucherías! De nuestras favoritas. Sí, he dicho "nuestras" porque su nota decía que las compartiera conmigo.

Aparte de eso, también nos han enviado:

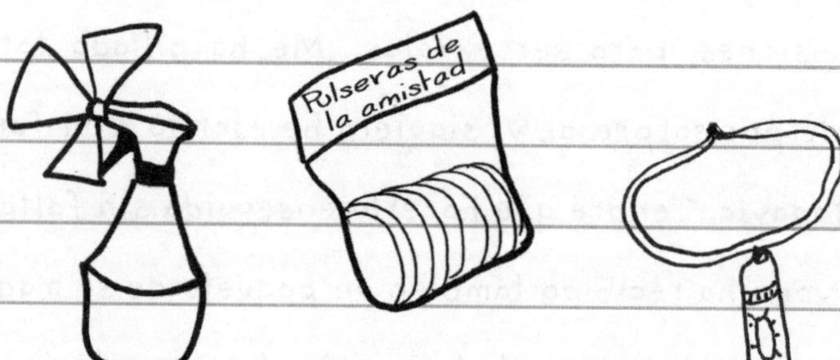

- Pegatinas para nuestros baúles (¡viva!)
- Un ventilador manual con spray.
- Pulseras de la amistad que brillan en la oscuridad.
- Un repelente de insectos para llevar alrededor de la muñeca (cosa que me niego a ponerme, por cierto. Probablemente solo lo utilice en la ducha).

★ ★ ★

Como Nona y yo estamos en cabañas distintas, me está volviendo loca el no tener a nadie a quien contarle mis secretísimos secretos. Por ejemplo, que estoy aquí sentada en la litera, muriéndome de picor y notando cómo las ortigas se extienden rápidamente por todo mi cuerpo. ¡Necesito desahogarme con alguien!

Supongo que podría hablar con una de las chicas de mi cabaña. Parecen bastante majas y creo que ya me hago una idea de cómo son. Por ejemplo:

Gabrielle, Gabby para acortar

—Soy Gabby y nunca me quedo sin aire y puedo hablar así sin parar durante horas y horas y horas...

Charla por los codos. Habla a cien por hora, encadena frases sin ton ni son y ni siquiera necesita respirar. Me pregunto si será familia de mi amiga Alice. Me encantaría juntarlas a las dos en una habitación y vender entradas.

ALICE

—¡Hola! ¡Soy Alice! Tomo un montón de cafeína pero no me afecta casi nada. Oye, ¡creo que me voy a poner a pasar el aspirador por las cortinas!

Makayla, alias "Instantamiga"

Si hablas con ella una vez o le prestas un poco de atención, aunque sea un segundo, será instantáneamente tu amiga para siempre.

Bethanie, alias "Superfeliz"
(DEMASIADO feliz)

Para ella, el mundo está hecho de arcoíris, algodón rosa de caramelo y conejitos de peluche. Y es de gran ayuda en momentos de crisis.

Olivia, alias "la Borde"

Bueno, todavía no he descubierto de qué va. Nunca nos mira, casi ni habla y, pase lo que pase, siempre tiene pinta de enfadada.

Makayla parece que es la que está menos ocupada, así que me acerco a hablar con ella.

Como si presintiera el cotilleo entre chicas, me sonríe de oreja a oreja.

—Te pican las ganas de hablar, ¡a que sí! ¿Eh?

—Tienes tanta razón que
casi me da miedo.

Así que se lo suelto todo, no solo le suelto lo de las ortigas, sino también lo de aquel chico mono que me ofreció nubes, y también que Olivia me odia, y todas las veces que he hecho el ridículo y...

—Después de tener una semana como esta, ¡lo que necesitamos es un buen helado! —grita Makayla.

Dice "necesitamos" como si hubiera sufrido conmigo esos momentos

—¿Cómo conseguimos el helado?

Makayla, que ya estuvo en el campamento el año pasado, me habla de la tienda del *camping*. Promete que me llevará en algún momento de esta semana durante el tiempo libre, ya que la tienda está cerrada hoy. No se me puede olvidar contárselo a Nona para que pueda venir con nosotras.

¡NOTICIÓN!

Resulta que llevar muletas hace que se dispare tu popularidad.

Si lo hubiera sabido, habría hecho algo parecido en el insti.

Nona dijo que mi pie parece que está bien, ni siquiera se ha hinchado, y que ya no debería necesitar muletas. Así que, como no me quiero perder la actividad acuática de hoy, decido que tiene razón.

Pero luego descubro que no podré librarme de la "Caminata Mortal" que hay esta semana. Intento convencer a la Prisci de que mi tobillo no está nada curado todavía para enfrentarse a algo que tenga un nombre tan horrible.

Gracias, Nona.

PIRAGÜISMO

Me hace muchísima ilusión cuando veo las piraguas. Un deporte acuático no solo ayudaría a que se me fuera el picor, sino que sería superdivertido. Y seguro que puedo convencer a todo el mundo de que soy una nadadora fabulosa y aniquilar el rumor de que estoy "acuáticamente impedida".

Además, siempre, SIEMPRE, he querido montar en piragua.

Estamos las de mi cabaña y las monarcas. Nos ponemos en fila en la caseta de los chalecos salvavidas para que nos den uno a cada una. Los monitores nos vuelven a hablar de la importancia de la seguridad en el agua y nos dicen que debemos ponernos por parejas. Gabby yo nos ponemos juntas e inmediatamente empieza a hablar superexcitada.

Y a una velocidad de récord.

Gabby acapara el remo todo el rato, así que lo único que puedo hacer es quedarme ahí sentada.

Con ganas de rascarme.

Y escuchar a Gabby parlotear.

Y sentir todavía más ganas de rascarme.

La Prisci hace un anuncio mientras nos secamos:

MAÑANA:
COMPETICIÓN

Un equipo de la cabaña Mechón Gris y otro de las monarcas harán ida y vuelta en piragua hasta llegar a la boya. El que termine antes ganará cinco puntos.

El anuncio desata el lado oscuro de las monarcas. Empiezan a meterse con nuestra cabaña, diciendo que son mucho mejores que nosotras con el remo. Será que me ha salido la vena competitiva, porque me sorprendo soltando:

Las monarcas se quedan ahí mirándome, con los brazos en jarras, como si no me creyeran. Claro, me vi OBLIGADA a decir una mentirijilla. No fue culpa mía. Fue mi lado competitivo el que decidió soltarla:

Ejem... Supongo que eso son dos mentiras, ya que nunca he estado en ningún otro campamento. Pero bueno, hace que las monarcas se achanten.

19 Y 3/4 MINUTOS DESPUÉS...

Después de que suene el silbato para que volvamos a nuestras cabañas, descubro algo bajo la ranura de la puerta.

¡UN MENSAJE SECRETO!

No es por hacerme la chula, pero soy buenísima analizando la escritura. Con solo una mirada al mensaje pude deducir que lo habían escrito algunas chicas del campamento. Furiosas, rebosando competitividad por los poros.

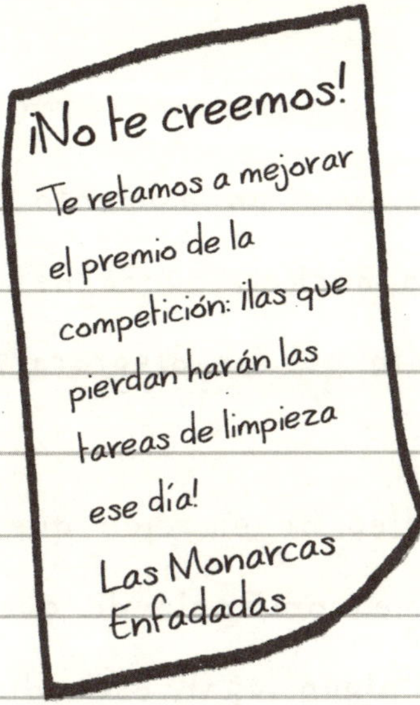

Dije que *NI HABLAR* de añadir esa presión extra a nuestra competición, pero las chicas de mi cabaña estaban superemocionadas y gritaban bobadas del tipo:

Supongo que tuve un momento de debilidad, porque yo, Sofía Becker, nunca he estado en un equipo con gente que se alegrara de que fuera parte de él.

Y un cosquilleo de emoción que nunca había sentido antes me convenció de que aceptara el reto porque, en algún lugar, escondido en lo profundo de mi interior, había una campeona de piragüismo dispuesta a salir a la luz.

Estoy tan nerviosa que apenas puedo pensar en otra cosa.

CAMINATA MORTAL

Cualquier actividad que contenga la palabra "mortal" debería incluir equipamiento de seguridad.

O un guardaespaldas de seguridad

Tuvimos que subir por senderos estrechos, siempre cuesta arriba y contra el viento. A un lado teníamos un precipicio. Cuando tiré una piedra por él ni siquiera la oí tocar el suelo. Al asomarme, de la impresión que me dio me sudaron los pies.

Las de la cabaña de Nona, las reinas, vinieron con nosotras. También una de las cabañas de los chicos, los tenebriónidos. Aunque siento un odio tremendo por los bichos, ¡este escarabajo suena realmente guay!

Otros nombres chulos de bichos (¡de verdad!):

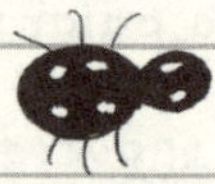

Escarabajo "Agra Vation"
(con el agravante de
tener puntos blancos)

Mosquito culícido
(¿tendrá algo que ver
con su pompícido?)

Mosca cojonera
(Increíble, pero cierto. ¡Se llama así!)

La caminata entera fue una experiencia tan dolorosa que apenas me quedan fuerzas para recordar los detalles. Así que no lo haré.

No tenía más que una cosa en la cabeza, por lo que me resultó difícil concentrarme en algo que no fuera el piragüismo.

Incluso cuando el chico
de las nubes me sonrió,
¡apenas me acordé de
devolverle la sonrisa!

¡A LAS PIRAGUAS!

Había llegado el momento de demostrar mi valía. De integrarme por fin en un grupo siendo yo misma (más o menos). Empecé a ponerme nerviosa cuando una de las monarcas se acercó a mí y me dijo:

¡Y después vi que había gente sentada a la orilla del lago con prismáticos! Bueno, si lo que querían era un primer plano de mi fracaso, iban a quedar muy decepcionados.

Pero entonces vi que Jackson y el chico de las nubes también estaban allí para ver el espectáculo, y me dio un vuelco el corazón. ¡Qué presión!

Gabby y yo competíamos contra dos monarcas llamadas Kendra y Prachi.

Aunque nunca en mi vida había tocado una piragua hasta el día anterior, sabía para qué servía un remo y cómo debía utilizarlo. Y, hombre, ¡tampoco podía ser tan difícil!

Lo que no sabía era lo largo que era el remo, y por qué lado de la piragua debía usarlo.

Así que elegí al azar el lado derecho

No aparté los ojos del remo ni un momento. Estaba tan concentrada en mis habilidades y en el talento natural que parecía tener, que no oí que Gabby me gritaba:

—¡No! ¡Así no!

Por lo que cuando nuestra piragua chocó contra algo, creí que habíamos alcanzado la boya en tiempo récord. Pero en cuanto miré para atrás, me di cuenta de que no habíamos ni alcanzado la baliza de mitad de camino.

Era más bien la señal de salida

¿Quién hubiera dicho que era posible remar en círculos?

Tendríamos que haberlo dejado en ese momento al ver que no había forma de ganar a las monarcas, que ya remaban de vuelta a la orilla mientras nosotras todavía estábamos en la línea de salida. Pero no quería tirar la toalla, y al parecer tampoco Gabby, porque las dos nos impulsamos con los remos y volvimos a dirigirnos al centro del lago. Estaba muerta de vergüenza, pero aun así remé con todo el corazón. Sentía que los brazos se me iban a separar del cuerpo, por lo que no debería haberme sorprendido cuando se me escapó el remo de las manos. O cuando cayó al agua. O cuando intenté recuperarlo como una tonta asomándome por la borda de la piragua.

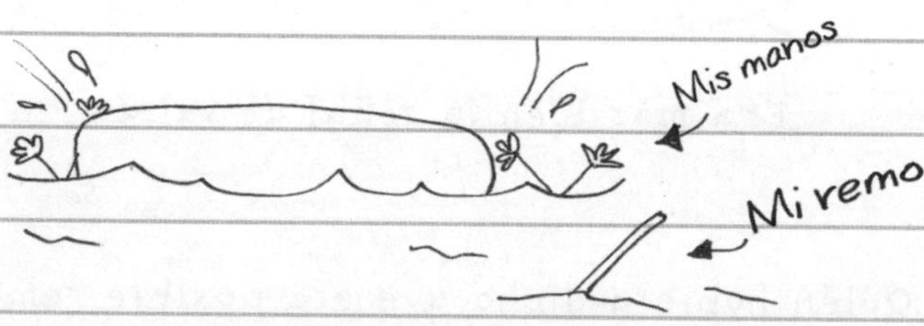

Al menos lo intenté, ¿no?

Pero esto no ha acabado aquí. Decididamente, tengo que trazar un plan para librarnos de las tareas de limpieza.

EL PLAN

Pues la Prisci no dejó que nos escaqueáramos de limpiar la cabaña de las monarcas. Aunque se habían ganado ser la Cabaña Más Desordenada tres días seguidos. ¡Menos mal que tenía un plan B!

Mi plan no era del tipo: "¡Qué divertido es fregar suelos! ¡Si la vida nos da limones, hagamos limonada!". Era más bien un plan de los de "ojo por ojo, diente por diente".

Lo que pasó fue lo siguiente: primero lo limpiamos todo y después llegó la diversión. Entramos a escondidas en el baño que compartimos con las monarcas, y Makayla pintó con su esmalte transparente de uñas todas las pastillas de jabón que pudo encontrar. La mayoría estaban metidas en bolsas de plástico, dentro de los casilleros de las monarcas, así que no fue demasiado complicado. Ahora su jabón es totalmente inútil porque, por mucho que lo intenten, no conseguirán hacer espuma. ¡Imaginaos una cabaña llena de chicas SIN jabón!

OBSERVACIÓN CASUAL SOBRE EL CAMPAMENTO

Algunos consejos valiosos: a las zarigüeyas, por muy monas que sean, no hay que darles de comer con la mano. Y no les gustan los surtidos de frutos secos con chocolate. Ah, y tienen las garras muy afiladas. Aparte, hacer piragüismo es más difícil de lo que parece. Mucho más.

ECHANDO UN OJITO...

No quería espiar. Pero resulta que estaba tan cerca de Olivia que pude ~~fisgar~~ ver su cuaderno. Escribe muchísimo (¿he dicho ya que mucho más que yo?). Tanto que seguro que podría convertir su cuaderno en una novela.

Olivia estaba sentada en un puf de nuestra cabaña, tan concentrada en su cuaderno que no se fijó en mí.

Desde detrás de ella, recorrí la página con los ojos. No escribía: ¡dibujaba! Y era algo parecido a esto:

Así que a lo mejor su cuaderno es un bloc de dibujo, pero no tuve tiempo de ver más porque me entró un picor horrible y perdí el equilibrio, tropecé yo sola y me golpeé la mano contra la pared. Olivia volvió la cabeza, cerró su cuaderno de sopetón y me echó una mirada asesina mucho más amenazadora que la peor de las miradas de Nona.

Comparación de miradas asesinas

—¿Pero qué te crees que haces? —dijo acusadora.

En ese momento tenía dos opciones:

1. Mentir y fingir que pasaba por ahí casualmente, sin meter la nariz en los asuntos de los demás.
2. Ser amable y esperar que no le diera importancia a que la hubiera espiado. Aunque no la estaba espiando en absoluto. Mis ojos solo... pasearon por su cuaderno.

—Es que me encantan tus dibujos —contesté de improviso.

Ni siquiera parpadeó, ni cuando le solté el piropo, así que a lo mejor no había sido demasiado convincente.

—DE VERDAD que me encantan —dije.

Olivia se quedó mirándome fijamente, sin un atisbo de sonrisa.

—No son dibujos —soltó, como si la boca le supiera a rayos.

—¿Estás segura? —pregunté—. Porque tienen toda la pinta de dibujos.

Olivia frunció el ceño.

—Sí, estoy SEGURA de que no son dibujos. Son obras de arte.

Se me escapó una risita y me tapé la boca con la mano. No penséis mal de mí, sus dibujos eran buenos. Pero tanto como obras de arte...

Bueno, hay algunos artistas que por echar manchas de pintura en un lienzo se vuelven superfamosos. Así que a lo mejor es posible.

Olivia se puso en pie, se metió el cuaderno bajo el brazo y se fue enfadada dando zapatazos. Rezongó para sus adentros algo parecido a "tupida".

PINTANDO CON LLUVIA

La actividad de esta tarde era pintar en el claro del bosque junto al lago. Fue muy guay porque no nos dejaban utilizar pinceles, solo las manos. Pinté árboles y montañas, pero habría colado si hubiera dicho que era una galaxia.

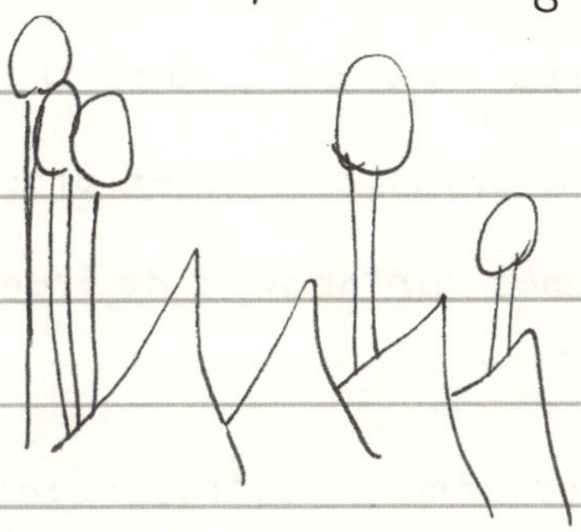

El cuadro del chico que tenía al lado eran solo sus manos. Claramente, sufría un bloqueo creativo.

Makayla echó manchas de pintura por toda la página, y las gemelas de la cabaña de Nona hicieron un cuadro entre las dos.

Las nubes que teníamos encima empezaron a salpicarnos de lluvia. Al principio todo el mundo estaba en plan: "¡Oh, Dios mío! ¡Se me va a destrozar el cuadro!" y "¡Nos estamos mojando!", como si nos fuéramos a derretir o algo. Los monitores en prácticas dijeron que siguiéramos pintando y dejáramos que la lluvia nos ayudara.

Fue bastante guay ver cómo nuestros cuadros se transformaban tan drásticamente con las salpicaduras de la lluvia. Oye, seguro que a Olivia le gustó. Olvidaré por un momento su mala educación y se lo comentaré la próxima vez que la vea.

Tuvimos que llevar chubasqueros el resto del día cada vez que salíamos al aire libre. Prácticamente era como llevar puesta una gran bolsa de basura con agujeros recortados para la cabeza y los brazos. Y era igual de cómoda. Bethanie llevaba la capucha de su poncho todo el rato, aunque apenas llovía. Como los chubasqueros son de color naranja chillón, recordaba bastante a un cono de tráfico.

¿DÓNDE ESTÁ EL HELADO?

En nuestra hora libre, Makayla y yo planeamos la excursión a la tienda del *camping*. Nona se quedó a jugar al pimpón con las gemelas. Gabby y Bethanie vinieron con nosotras.

—Quiero helado de chocolate. No, espera, quiero chocolate. Sí, una chocolatina —dijo Makayla.

La tienda del campamento no solo tenía comida. Tenía pegatinas y todo lo que puedes necesitar en un *camping*, como linternas y pilas.

Al final acabamos todas con cucuruchos de helado. Ya que no estaba permitido llevar comida a las cabañas, tuvimos que tomárnoslos durante el camino de vuelta.

—¡Os apuesto que puedo comérmelo más rápido que vosotras! —dijo Gabby emocionada.

Obviamente nunca me ha visto con comida cerca.

—¡De eso nada! —repuso Bethanie.

—Venga, vamos —dijo Makayla—. ¡La primera en comerse todo el helado y llegar a la cabaña gana!

¡Hecho!

Nunca en mi vida me había comido un helado tan rápido, y enseguida descubrí que el cucurucho entero no me cabía en la boca.

Íbamos partidas de risa mientras corríamos de vuelta a la cabaña con la cara embadurnada de helado y chorretones por la camisa. Acabé con algunos en el pelo y todo. Llegué la primera a la puerta, pero solo por una milésima de segundo.

Creo que la Borde no vio mi victoria

Debíamos de tener una pinta mucho más desastrosa de la que pensábamos, porque todo el mundo nos miraba, riéndose. Nona vino corriendo con su cámara alrededor del cuello.

Me daba igual quién nos hubiera visto. Nos lo estábamos pasando genial. Bueno, hasta que el chico de las nubes pasó a nuestro lado y saludó.

* * *

En fin, tal vez la broma del jabón no fue una gran idea, porque las monarcas nos la devolvieron. Y debo admitir que su venganza fue superbuena. Quiero decir, si nosotras no hubiéramos sido las víctimas. Se debieron de meter sigilosamente en nuestra cabaña mientras dormíamos, porque esta mañana cuando nos despertamos, con los ojos medio cerrados, tropezando con todo como zombis y todavía con el encefalograma plano, caímos directamente en su trampa.

Literalmente.

Habían cubierto la entrada con plástico transparente para envolver. ¿De dónde diablos lo habían sacado?

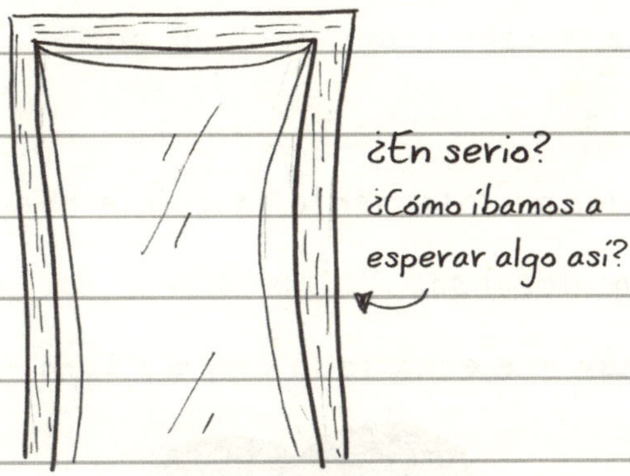

Aunque el plástico no era demasiado resistente y tampoco íbamos andando muy rápido, el efecto fue suficiente para provocar el caos total.

Y en cuanto la gente se dio cuenta de lo que había ocurrido, empezó a señalar con el dedo.

A mí

No creo que deba llevarme yo sola la culpa, porque prácticamente todas estuvieron de acuerdo con la broma del jabón. Y eso es algo como... culpable por asociación, ¿no? ¿O cómplice de una gamberrada?

Makayla, mi totalmente increíble nueva amiga, salió en mi defensa.

—No hay que echarle la culpa a Sofía —dijo.

Toda chica necesita una amiga
en un momento así

Estaba muy encendida.

—Porque ¿cómo vamos a enfadarnos con alguien que ya tiene un plan buenísimo para devolverles la broma con creces?

Toda chica necesita una amiga que no
hable en un momento así

Así que la cabaña entera volvió la cara hacia mí para conocer la gran represalia que había ideado, y yo me quedé:

Gracias a Makayla, ahora estamos en medio de una enorme...

... ¡GUERRA DE BROMAS!

No tengo demasiada experiencia en guerras de bromas. Solo conocía la del jabón porque la vi en alguna película, así que ni siquiera puedo llevarme yo el mérito.

¡COMIENZA EL JUEGO!

Mi supersensibilidad para leer la mente de los demás me dice que las monarcas están esperando que les devolvamos la broma.

Así que tendremos que hacer como ellas y romper las reglas metiéndonos a hurtadillas en su cabaña esta noche cuando todas duerman.

¡EXPLOSIÓN DE POLVO DE TALCO!

Bethanie tiene una botella entera de polvo de talco en su maleta. Al parecer se le irrita mucho la piel en verano.

Otros usos para el polvo de talco

Así que vamos de puntillas hasta el otro extremo de la cabaña de las monarcas, agachándonos al pasar junto a las ventanas, y nos metemos sigilosamente en el cuarto de baño. Olivia participa y todo... como vigilante. Dice que silbará si aparece alguien.

Espero que sepa silbar

Espolvoreamos polvo de talco en el interior de los secadores que hay en los casilleros de las monarcas. Por la mañana, cuando las chicas los enciendan, les sorprenderá una explosión de talco. ¡Ojalá pudiera verlo!

Debo decir que mi mayor logro es no contarle a Nona ninguno de estos planes secretos. Las chicas de Mechón Gris hemos jurado que no se los contaríamos a nadie.

OBSERVACIÓN CASUAL SOBRE EL CAMPAMENTO

Las bromas pueden ser una forma genial de pasárselo bien. Y son todavía más divertidas cuando se te dan mucho mejor que... digamos... a las demás cabañas.

SEMANA 3

He dormido fatal, por unas cuantas razones.

Estas camas tienen un colchón que parece hecho de papel. Incluso durmiendo encima de mi saco de dormir, creo que he empezado a tener problemas de espalda como mi padre. Este pensamiento me ha hecho recordar a mi familia y me he puesto un poco triste. Me cuesta creerlo, pero la verdad es que los he echado de menos. El tarareo de papá. Las normas de mamá. El llanto de Halli.

Bueno, a lo mejor tampoco los he echado tanto de menos.

Me quedé despierta casi toda la noche esperando con emoción la explosión de polvo de talco. Probablemente, del sueño que tenía, no habría escuchado ni la campana si no hubiera habido tal alboroto fuera.

Todas las chicas de la cabaña de las monarcas discutían con su monitora en prácticas y la Prisci.

Ya que la mayoría de nosotras nos habíamos quedado dormidas hasta que pasó el tiempo de la ducha (¡supongo que yo no era la única que estaba agotada!) nos perdimos cómo el polvo de talco explotó sobre el pelo mojado de las monarcas y formó una especie de plasta.

Tengo que admitirlo: suena superdivertido. ¡Mucho mejor de lo que pensábamos!

Luego tuvimos que vestirnos corriendo para ir a nuestra primera actividad del día. Afortunadamente, la Prisci no nos comentó nada sobre la broma. Pero estoy segura de que sabía que habíamos sido nosotras.

Probablemente
hasta lo haya
escrito en su tabla

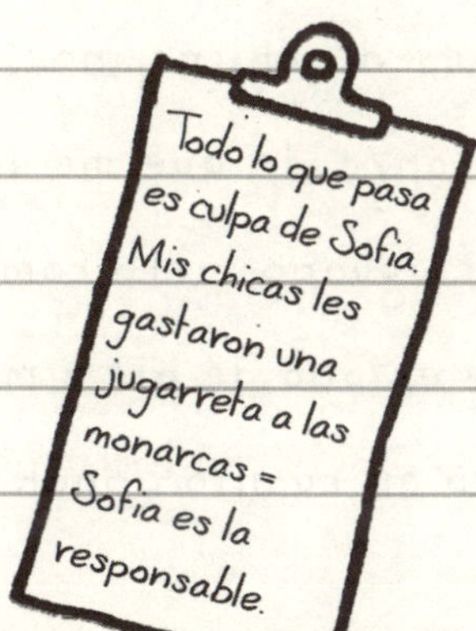

¿ES POSIBLE EMPACHARSE DE HELADO?

La actividad de la tarde es hacer helado. Ya os aviso de que voy a ser toda una profesional.

¡Sobre todo cuando llegue el momento de comérselo!

No creo que uno pueda hartarse nunca de tomar helado. Así que estoy superemocionada, pero la única persona que conozco en el grupo en el que me han puesto es Olivia. Jonah, uno de los monitores de chicos, nos ha puesto juntas. Tenía la esperanza de que me tocase de compañero algún chico guapo, pero cómo no, me ponen con Olivia, que estaba de pie a mi lado. Me mira con cara de perro en cuanto Jonah me nombra.

Le devuelvo mi mejor cara de perro

Cada equipo recibe dos bolsas transparentes de plástico. Una grande y otra mediana. El monitor reparte tarjetas con instrucciones y dice que empecemos. Todos los ingredientes están en las mesas que tenemos delante.

Esto debería ser coser y cantar. Ni siquiera tendré que hablar con Olivia.

Sostengo con las dos manos la bolsa grande mientras Olivia la llena de hielo y de sal gorda. Luego se queda ahí parada, mirándome.

—¡Cierra la boca! —dice enfadada.

—¿Qué? Pero si no he dicho nada...

Olivia pone los ojos en blanco.

—La boca de LA BOLSA.

Madre mía, ¡qué borde!

La obedezco y después abro la bolsa mediana mientras Olivia la llena con los demás ingredientes. La cerramos herméticamente, la colocamos dentro de la bolsa grande y empezamos a agitarla. Sinceramente, no tengo ni idea de por qué hacen falta dos personas para esto.

24 SEGUNDOS DESPUÉS...

Olivia sonríe con superioridad.

—Ya, claro. Pues tenemos que agitar esta bolsa durante cinco minutos...

Le paso la bolsa a Olivia. Ya que le parece tan fácil, puede hacerlo ella el resto del tiempo. Me llama "escuchimizada" en voz baja, antes de rajarse un minuto después. De hecho, se ríe, y dice que somos "blandengues de brazos flojos". Seguimos haciendo turnos hasta que suena la alarma del temporizador.

Lo mejor de todo fue conseguir hacer un *sundae* de aquel desastre. Los monitores nos dieron un montón de *toppings* diferentes para elegir. El helado en sí tenía mucho sabor, aunque saliera muy poca cantidad. Pero estaba SUPERFRÍO.

Se me congeló el cerebro solo de mirarlo

En realidad, solo nos dio para una bola de helado. Creo que es mucho más fácil comprarlo en la tienda. Pero por si alguna vez quiero revivir esta experiencia (jamás), he pegado la tarjeta con la receta en mi cuaderno.

Necesitas:

1 cucharada de azúcar
1/2 taza de leche
1/4 cucharadita de vainilla
6 cucharadas de sal gruesa
1 bolsa de plástico para alimentos como para medio kilo
1 bolsa de plástico para alimentos como para cuatro kilos y medio
Cubitos de hielo

Cómo hacerlo:

Llena la bolsa grande de hielo hasta la mitad y añade la sal gorda. Cierra la bolsa. Vierte la leche, la vainilla y el azúcar en la bolsa pequeña, y ciérrala herméticamente. Coloca la bolsa pequeña dentro de la grande y ciérrala herméticamente otra vez. Agítala hasta que la mezcla se convierta en helado, más o menos cinco minutos después. Limpia la parte de arriba de la bolsa pequeña, después ábrela cuidadosamente. ¡Disfrútalo!

¡A APAGAR LA LUZ!

Cuando llega la hora de acostarse estoy tan agotada que me quedo dormida nada más poner la cabeza en la almohada. Nuestra cabaña es muy buena en lo de acatar las normas por la noche. De hecho, casi todos los puntos que hemos ganado son por ser la Cabaña Más Silenciosa Durante el Toque de Queda.

Así que, cómo no, soy la primera en romper la norma. En realidad, las tres normas. En serio, hace falta tener mucho arte para romper tres normas de una sola vez.

El caso es que esta noche, mientras dormía inocentemente, fui atacada. Por bichos. Y no eran bichos cualquiera... Algo mucho, mucho peor: polillas negras.

Me desperté con la sensación de que algo me golpeaba. Y como se camuflaban tan perfectamente en la oscuridad, al principio pensé que eran imaginaciones mías. O que a lo mejor era un sueño.

Pero cuando una de aquellas polillas se me enredó en el pelo, salté de mi litera gritando. Y, si no recuerdo mal, también estaba hiperventilando.

Saqué la linterna de debajo de la almohada y cuando la encendí me encontré con multitud de polillas a mi alrededor.

Oh, yeah,
y ADEMÁS,
la luz las atrae

Por supuesto, desperté a la cabaña entera.

Excepto a una que ronca con la boca abierta, que no la despertaría ni un bombardeo. No diré nombres. (Gabby.)

Desafortunadamente, también desperté a la Prisci. Estaba un poco enfadada porque me había saltado las normas.

La Prisci echando humo

Con cada norma que rompemos, nos quitan un punto del total. Así que, por mi culpa, nuestra cabaña había bajado del primer puesto al tercero.

A algunos les habría parecido que mi situación era una emergencia, y eso supondría haber roto dos normas, no tres.

Pero estoy segura de que podemos recuperar algunos puntos si la próxima vez que vayamos al comedor hacemos la fila más ordenada y silenciosa del mundo.

UN AMOR PARA CADA DÍA

Me siento un poco culpable por haberme enamorado de otro. Y para complicar todavía más las cosas, mientras nos sentábamos en el comedor, Nona se dio cuenta de que un chico me miraba.

Cuando fui a mirar, Nona dijo:

—¡No mires, que se va a dar cuenta!

Así que nunca llegué a ver al chico. Pero Nona me aseguró que me estaba mirando a MÍ, con la cara que se le pone a la gente cuando se enamora.

Y puesto que está enamorado de mí, supongo que yo debería enamorarme también de él.

Formas de reconocer que estás enamorada:

1. Piensas en él. Un MONTÓN.
2. Sientes como si tuvieras un nudo doble en el estómago, hecho con una cuerda enorme.
3. Te mueres de ganas de verlo.

Hasta ahora, el Chico Misterioso cumple los números 1 y 3.

O sea, he estado pensando en él sin parar desde que Nona me dijo que me miraba. Me pregunto quién será.

Y es verdad, me muero de ganas de verlo. Porque Nona es la única que lo ha visto hasta ahora.

Estoy segura de que no tengo un nudo en el estómago todavía porque no sé cómo es físicamente.

Pero si me enamoro de él, seguro que eso cambiará muy pronto. Además, no hay que olvidar también me estoy enamorando del chico de las nubes.

Parece que tengo un imán para atraerlos...

Nona me ha prometido que señalará al Chico Misterioso (discretamente) la próxima vez que esté cerca.

CONFESIÓN

Me siento un poco culpable por enamorarme de otro. O de otros. Seguro que pensáis que no debería enamorarme de nadie, fuera de mi gran amor eterno, Andrew.

Las normas para enamorarse de más de una persona son:

1. Debes ser fiel al más antiguo.
2. Puedes enamorarte de otro, pero debe ser un amor más pequeño que el que sientes por el más antiguo (ver norma nº 1).
3. Tu segundo amor no cuenta de verdad si solo es temporal (como por ejemplo cuatro semanas).
4. O si ocurre en una zona con otro código postal.
5. O si tu primer amor no sabe nada de tu segundo amor. O de tu tercero.

Así que, venga, no estoy rompiendo ninguna de las normas del amor. Además, Nona dice que todo lo que ocurra en "Rómpete un dedo del pie" no saldrá de "Rómpete un dedo del pie". Excepto lo que escriba en mi cuaderno.

¡Oh, no! ¡Oh, no! ¿Os acordáis de aquella nota que Nona y yo escribimos de puro aburrimiento viendo aquel vídeo? HA DESAPARECIDO. La había metido en mi cuaderno, pero me acabo de dar cuenta de que ¡ya no está! Debe de haberse caído.

Y si se ha caído, podría estar en cualquier parte. ¡Donde cualquiera pueda leerla! Qué desastre. Qué auténtico desastre.

¡FUERA PESTE!

Hoy una mofeta ha rociado a una chica durante una excursión. Al parecer, la chica todavía huele que apesta, incluso después de ducharse y de echarse zumo de tomate y champús con olor a fruta.

EN LA HORA LIBRE

Divisé a Olivia sentada a solas sobre una piedra a la orilla del lago. Me sentí un poco mal por ella, porque normalmente está sola, pero me figuré que es porque ella quiere. Aunque sé bien lo que es sentarse solo (cuando Nona no viene al instituto), y lo descolgado que te sientes al saber que la gente habla de ti a tus espaldas.

Las tres caras de una borde

Pero nosotras solo hemos hablado
de lo mala que es, así que
realmente no cuenta

Me acerqué a ella caminando y, al segundo de verme, cerró el cuaderno de golpe.

—No te preocupes, que no quiero mirarlo —le aseguré.

—Bien —dijo.

—Solo quería pedirte perdón —añadí.

—¿Por qué? —preguntó, todavía a la defensiva.

—Ya sabes... Por haber husmeado en tu cuaderno.

No dijo nada, solo puso cara de sorpresa. Me di la vuelta y volví hacia el campamento, sonriendo para mí. Olivia no era tan mala como pretendía.

ME PICA LA CURIOSIDAD...

Me crucé con Jackson de camino al campamento y me armé de valor para preguntarle por su irritación.

Me miró un poco raro.

—Eh... Nunca he tocado ortigas.

Me dio tanta vergüenza que me esfumé rápidamente, aunque parecía que estaba a punto de decirme algo.

Probablemente, que estoy mal de la cabeza

Y HABLANDO DE RAREZAS...

¡Nuestro campamento tiene un árbol de chicle! O sea, literalmente, un árbol de CHICLE.

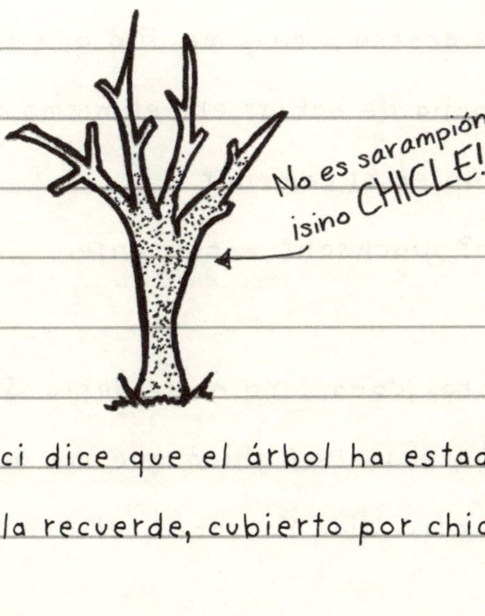

La Prisci dice que el árbol ha estado siempre ahí, que ella recuerde, cubierto por chicles masticados al azar. ¡Y llegó por primera vez a este campamento cuando tenía ocho años!

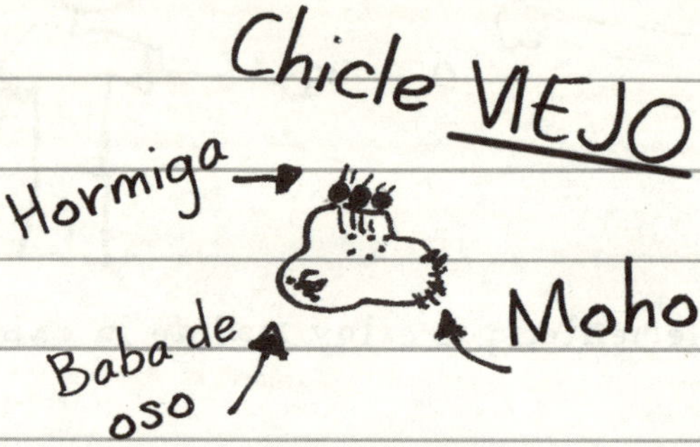

¡Qué asco!

PURA CASUALIDAD

Nona se acercó a mí y me dijo que el chico con el que acababa de hablar era el mismo que me estaba mirando en el comedor.

—¿Quién? ¿Jackson? —pregunté.

—Sí.

—Sí, claro, Nona... Yo no le gusto. Solo me miraba porque era él el chico que me vio hacer el ridículo el otro día. Ya sabes, el que me dio las toallitas de papel con zumaque. Probablemente le parezco un bicho raro. Ah, y resulta que nunca ha tocado ortigas, el muy mentiroso.

DE NUEVO EN EL COMEDOR...

Nona dice que Jackson me está mirando otra vez, pero no la creo.

—Son imaginaciones tuyas —le digo.

—No, no lo son. ¡Está ahí mismo!

—¿Dónde? —pregunto.

Hace un gesto con la cabeza hacia su sitio, y sí, ¡está mirando en mi dirección! Entonces Jackson se inclina en una especie de asentimiento y me sonríe tímidamente.

Levanto la mano para saludarle. La misma mano en la que tengo el tenedor con el que como puré de patatas. Antes siquiera de poder darme cuenta, el puré sale disparado del tenedor y aterriza en el pelo de una chica que está sentada justo en frente de mí, una mesa más allá.

No es culpa mía por dos razones:

1. Nos dieron tenedores para comer puré de patatas. Todo el mundo sabe que hace falta una cuchara.
2. El puré de patatas no es espeso. En realidad es bastante líquido, lo que hace que sea demasiado fácil de lanzar de un extremo a otro del comedor. Es como si todo el mundo hubiera estado suplicándonos para que empezásemos una guerra de comida.

La chica se vuelve hacia mí. Es una de las monarcas, una chula llamada Elizabeth-Libby. Y de alguna manera sabe que he sido yo la causante del pegote de puré que tiene en el pelo.

—¡Lo siento! —le grito a Elizabeth-Libby—. ¡Mi tenedor está mal!

No dice nada. Solo toma de su plato un trozo de pan y lo lanza. Sospecho que ha apuntado hacia mí, pero como el pan no vuela sobre la habitación tan bien como el puré de patatas, se queda corta.

Y acaba golpeando a Nona en la cabeza

Antes de que me diera tiempo a detenerla, Nona lanza un montón de minizanahorias blandurrias hacia Elizabeth-Libby, pero acaba dándole por error a... veinte personas distintas.

Seguro que no hace falta que cuente lo que ocurrió después, es demasiado predecible, pero lo haré de todas formas.

¡GUERRA DE COMIDA!

Y yo hago la única cosa que se me ocurre.

Me escondo bajo la mesa

Perdimos tropecientos puntos, así que seguramente estamos ya en números negativos.

LA CABAÑA MISTERIOSA

En la hoguera del viernes, una chica llamada Emily nos cuenta la historia de una cabaña que hay al otro lado del lago. Nunca me había fijado en ella porque está escondida entre los árboles, así que, a no ser que sepas que está ahí, es muy difícil verla.

Continúa:

—Nadie sabe quién la habita. Pero existe el rumor de que un monstruo vive allí.

Emily sigue hablando:

—Algunas personas se han atrevido a acercarse bastante, y al hacerlo, han oído los ruidos, terriblemente terroríficos y horriblemente escalofriantes, que se escapan de las ventanas.

Emily carraspea, un poco molesta por las interrupciones.

—Nadie sabe con seguridad quién o qué vive allí.

Y entonces se para. Todo el mundo espera que cuente más, que llegue a la mejor parte, pero no lo hace. En vez de eso, cuando alguien pregunta qué es lo que pasa REALMENTE en esa cabaña, Emily se encoge de hombros y dice:

—No lo sé. No es una historia de fantasmas: es un hecho real.

Bueno, en mi opinión, esta es la historia de fantasmas más horrible que he oído en mi vida.

HISTORIAS CAMINO DEL CREPÚSCULO

Fue uno de los días más decepcionantes del mundo entero.

Estaba superemocionada con la excursión al crepúsculo. Bethanie y yo fuimos jugando a un juego que consiste en cerrar los ojos e intentar andar en línea recta. Es muy divertido porque, por alguna razón, cuesta un montón andar en línea recta si tienes los ojos cerrados. Cuando llegó mi turno, el sendero hizo una curva, pero yo conseguí andar en línea recta.

Directamente contra un tronco

Lo peor (aparte del dolor de la rodilla despellejada) fue aterrizar en un arbusto.

¡¡¡De ortigas!!!

Y que la excursión al crepúsculo no tenía absolutamente NADA que ver con vampiros. Ay...

¡DIVERSIÓN FOSFORESCENTE!

¡Esta noche hemos jugado al frisbee fosforescente!

Todos los frisbees del campamento brillan en la oscuridad, pero los monitores han añadido brillos extra para que sea todavía más divertido.

Nos han puesto collares fosforescentes. Y pulseras.

Creo que estábamos más emocionados por las luces que por el juego en sí.

Los monitores en prácticas nos han dispersado para que nos mezclemos con gente de otras cabañas. Lo que no habría estado nada mal si Nona hubiera participado.

Jugar al frisbee fosforescente es mucho más difícil de lo que parece, por varias razones:

1. Hay demasiados árboles. Es fácil confundirlos con gente de verdad.

2. La gente no juega limpio. Algunos acaparan el frisbee y apenas te lo lanzan. Así que te quedas ahí de pie, sin hacer mucho caso y... ¡PAM! Te dan con un frisbee en la cabeza.

O con diez

3. La gente hace trampas. Pero, hombre, ¿cómo se puede hacer trampas jugando al frisbee?
Pues algunos de los chicos pensaron que sería divertido ocultar sus collares y pulseras y mezclarse sigilosamente entre los demás, pillándonos desprevenidos, y quitarnos los frisbees.

4. La gente no sigue las normas. De acuerdo, no hay "normas" de verdad, si nos ponemos técnicos, pero debería haberlas. O sea, ¿os habéis dado cuenta de la cantidad de maneras que tiene este juego de que te hagan cardenales?

Pero aparte de eso, ha sido muy divertido y una excusa perfecta para chocar "por accidente" contra chicos guapos.

¡MADRE MÍA! ¡QUÉ IDEA MÁS BRILLANTE!

¡Lo tengo! ¡Qué idea! Les acabo de decir en secreto a las de Mechón Gris (¡puaj!, sigo odiando ese nombre) que ~~traigan~~ escondan sus cosas fosforescentes y las lleven a la cabaña, que allí les explicaré nuestra siguiente jugarreta para las monarcas.

ESA NOCHE...

Nos introdujimos secretamente en la cabaña de las monarcas cuando todas dormían y abrimos nuestros adornos fosforescentes con tijeras que tomamos "prestadas" del taller. Salpicamos con el líquido luminoso que tenían dentro los brazos de las monarcas.

ENTONCES...

Volvimos a nuestra cabaña, todas menos Bethanie, que se subió al roble ¡y tocó la campana del *camping*! Luego salió corriendo hacia los baños y se escondió.

Nos asomamos por la ventana para ver cómo el campamento entero salía corriendo de las cabañas. Las monarcas tenían brillos fosforescentes en los brazos.

Supongo que nosotras también teníamos que haber salido corriendo, porque todo el mundo supuso inmediatamente que habíamos sido las culpables: fuimos la única cabaña que fingió dormir.

¡A LEVANTARSE!

Después del desayuno, cuando volvimos a nuestra cabaña, no podíamos abrir la puerta. Se nos resbalaba el pomo en la mano. Era como intentar girarlo con las manos mojadas. Aunque teníamos las manos secas.

La Prisci se abrió camino entre nosotras y dijo:

—Venga, chicas, ya basta de tonterías. Vamos a entrar de una vez.

Pero cuando agarró el pomo, también se le resbaló.

Bajó los ojos hasta él, y luego los subió hasta nosotras.

—¿Qué habéis hecho ahora?

Lo que realmente quería decir:

¿En serio? ¿Tenía que hablarnos como si fuéramos problemáticas?

Como si fuera culpa nuestra que el pomo hiciera cosas raras...

La Prisci levantó las manos.

—¡No me lo puedo creer! ¿Vaselina?

Todas dijimos "Ohhhhhh..." en voz baja hasta que por fin se dio cuenta de que no habíamos sido nosotras, y que nos habían tomado el pelo totalmente.

Cuando al fin conseguimos abrir la puerta, la Prisci resbaló y estuvo a punto de caerse, de no ser porque se agarró a la pared. Una de dos: o alguien intencionadamente había echado vaselina por el suelo o es que habían montado aquel desastre sin querer, no estamos seguras. Pero aun así, alguien podía haberse hecho daño.

BROMA DOBLE

Además, ¿no hay alguna norma que prohíba gastar dos bromas el mismo día?

Esperad un segundo... Yo traje vaselina al campamento.

Esperad otro... ¿qué probabilidades hay de que alguien más también lo hiciera?

—Sabéis lo que esto significa, ¿verdad, chicas? —nos preguntó la Prisci, agarrando su tabla sujetapapeles. Ella y Khloe se miraron entre sí.

¿Qué? ¿Nos quitarán más puntos? ¿Nos obligarán a apagar las luces antes? ¿No podremos comer ni una galletita antes de dormir?

Si hubo un momento en que las de nuestra cabaña nos sintiéramos como un equipo, fue aquel. Y por una vez, la Prisci utilizó su tabla para algo verdaderamente útil: escribir ideas para hacer la mayor broma de la historia de las bromas de "Rómpete un dedo del pie" que se haya visto jamás.

Mientras todas estaban ocupadas discutiendo, miré en mi maleta y, tal y como esperaba, la vaselina había desaparecido.

Así que nos la habían jugado con nuestras propias armas. Y creo que sé exactamente quién había sido.

Tengo que hablar seriamente con Nona

Pero lo que no entiendo es por qué se ha metido Nona en todo esto.

OBSERVACIÓN CASUAL SOBRE EL CAMPAMENTO

No es nada guay robar a los demás. Aunque sea tu mejor amigo. Por otra parte, estoy bastante segura de que he tocado ortigas. Puedo sentir su picor.

¡A LA CAZA DEL BIGFOOT!

Esta noche hacemos una excursión secreta para cazar al Bigfoot. Saldremos a hurtadillas de los sacos de dormir cuando estemos seguras de que los monitores en prácticas duermen. Tenemos un lugar de encuentro secreto, y Emily, de la cabaña de las monarcas, llevará una cámara digital para captar cualquier indicio. Fue idea de Nona traer a Emily. Jura que podemos confiar en ella, pero no voy a perderla de vista, por si acaso. Hemos puesto una trampa que probablemente atraiga al Bigfoot hacia nuestra zona. Pero no os preocupéis, llevaremos palos para protegernos.

Y zapatillas de correr, para salir pitando

23:00 Ni rastro de bestias peludas con pinta de simio. Aunque hay un fuerte estruendo, pero Olivia dice que ha sido un estornudo de Emily. Tengo mis dudas.

23:05 Otro estruendo. Efectivamente, son los estornudos de Emily. Sus estornudos son tan fuertes que no parecen naturales. Quizás podríamos usarlos también como arma, si supiera estornudar a demanda.

23:20 Hay una luz brillante ¡que parpadea en nuestra dirección! Dudo de que el Bigfoot tenga linterna. Bethanie está convencida de que viene una invasión extraterrestre.

23:21 Hay una peste HORRIBLE. Como de animal podrido. Es tan asqueroso que nos metemos papel higiénico por los agujeros de la nariz. Pero eso nos obliga a respirar por la boca y a degustar la asquerosidad.

23:23 Resulta que la peste es de Nona, que está aireando sus pies. Nos habíamos hecho ilusiones sobre aquella espantosa peste ¡para nada! Es muy decepcionante.

23:30 Volvemos a nuestros sacos de dormir. Nos han pillado. Esa luz brillante era una linterna, pero de Jay, el monitor en prácticas de la cabaña de chicos. ¿Cómo supo que estábamos ahí fuera? Alguien debe de haberse chivado. Sí, aquí huele a cochino traidor, definitivamente.

(Y debería añadir que un traidor, por cochino que sea, ¡huele mucho mejor que los pies de Nona!)

COMPIS DE BAÑO

De acuerdo, no deberíamos ir a ningún sitio de noche sin un compañero. Mi problema es que tengo que ir al baño, y mi compañera (Makayla) duerme como un tronco. O como una piedra. No se despierta.

Ninguna se despierta, por mucho que grites

Y no quiero despertar a otras chicas, porque probablemente solo serviría para hacerlas enfadar. Así que ¿qué problema hay en ir corriendo al baño por mi cuenta?

Me repito a mí misma que no está tan lejos mientras atravieso rápidamente la oscuridad con mi linterna como única compañía, lo que no ofrece mucho consuelo. Y menos cuando hay bestias peludas correteando a mi alrededor.

¡UN RUIDO HORRIBLE!

Suena como un niño chillando. O mi padre cantando. Dirijo mi linterna hacia el ruido y veo... que no estoy sola.

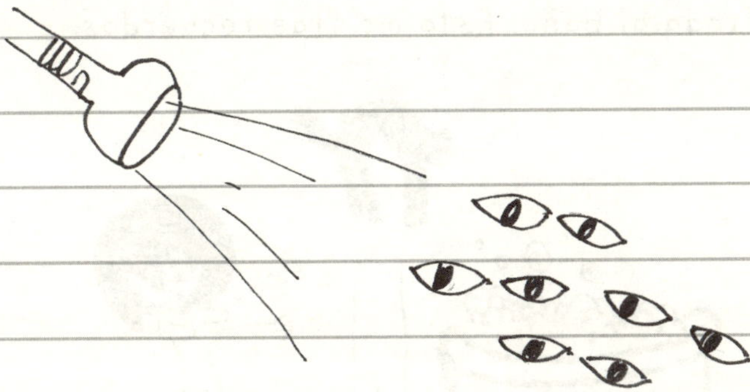

No son osos. Ni mapaches. Ni pumas. Ni siquiera Bigfoots. Sino una especie distinta de animal peligroso que los monitores del campamento no nos mencionaron.

Gatos salvajes y sucios

Pero no gatos salvajes y sucios cualquiera, no. ¡Estoy bastante segura de que estos gatos tienen la rabia! Sueltan rugidos roncos en voz baja, tienen los ojos brillantes como ovnis y han rodeado la entrada al baño. Esto me trae recuerdos.

Los gatos no solo odian el agua.
REQUETEODIAN el agua.

¡Ajá! ¡Eso es lo que tengo que hacer! No, no ponerme a bañarlos, sino salpicarlos con agua. Solo que no he traído conmigo ninguna botella de *spray*. Ni agua. PERO... tengo mi *spray* con olor a piña. Y debe de valer para algo, aparte de para atraer mosquitos. Corro a mi cabaña y me lo llevo rápidamente.

Sí, ahora estoy armada con perfume de piña

Vuelvo y me acerco a los gatos lo justo y necesario.

Bueno, pues al parecer, los gatos odian el perfume de frutas todavía más que el agua. En vez de dispersarse, se ponen superfuriosos. Porque echan a correr... ¡hacia mí!

¡Casi pierdo la vida!

Y para empeorar las cosas, corro tan rápidamente que acabo en la cabaña equivocada. Voy directa a la de las reinas. Aunque salgo de allí tan veloz y silenciosa que espero que nadie me viera.

OBSERVACIÓN CASUAL SOBRE EL CAMPAMENTO

Cosas que he aprendido: nunca salgas sola de noche. Y nunca rocíes a un gato con NADA. No hay nada peor que un gato enfadado. Bueno, sí: diez gatos enfadados. Pero mejor lo olvidamos.

AL DÍA SIGUIENTE

Me muero de ganas de que llegue la hoguera del viernes. Tengo una historia buenísima que los va a dejar a todos impresionados.

Me vino la inspiración de golpe, con la fuerza de un saco de dormir lleno de ladrillos.

Será la oportunidad de demostrarles a todos mis increíbles habilidades narrativas. Y también presumiré de mente creativa. Mi historia es tan supersecreta que ni siquiera se la he contado a Nona. Le dije que solo podía darle algunas pistas.

¿VERDAD O MENTIRA?

Pues nos juntamos todas las de la cabaña y jugamos a "Dos Verdades y una Mentira". Las reglas son sencillas: cada persona cuenta tres cosas sobre sí misma, y una de ellas es mentira. Todos tienen que adivinar cuál es. Olivia fue con diferencia la más fácil de adivinar.

Con Gabby fue un poco más difícil adivinar la mentira.

Incluso participaron la Prisci y Khloe.

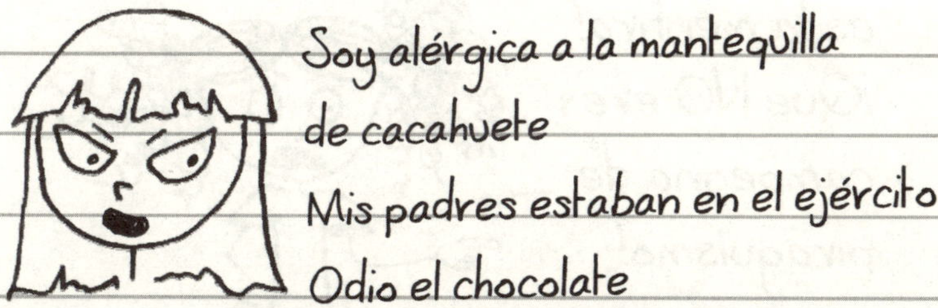

Resulta que los padres de la Prisci realmente estaban en el ejército.

Quizás esa es la razón por la que ella es tan superestricta y toca tan bien el silbato.

Entonces llegó mi turno.

Me encanta el chocolate
Soy una bloguera de incógnito
Una vez conocí a un famoso

Entonces Olivia tuvo que romper las reglas del juego y gritar:

¡Yo sé cuál es la mentira! ¡Que NO eres campeona de piragüismo!

Pude sentir cómo la cara se me ponía roja como un tomate mientras todas se echaban a reír. Me mordí la lengua y esperé a que llegara el turno de Olivia otra vez para poder pensar en algo el doble, no, el CUÁDRUPLE de ingenioso, sobre ella. Pero entonces caí en una forma mejor de devolvérsela.

Todo el mundo se había quedado mirándome a la espera de que le diera un grito o que me pusiera hecha una furia, pero en vez de eso, fui tranquilamente a mi litera y saqué las pulseras de la amistad fosforescentes que venían en el paquete que me mandó mi madre. Le di una pulsera a cada una, empezando por Olivia.

Ella me miró, pasmada.

—¿Por qué me das esto? —preguntó.

—Voy a daros una pulsera a cada una, por ser mis amigas —respondí.

Incluso le di una a Khloe y a la Prisci, y ambas me sonrieron, contentas de verdad.

Luego le dije a Olivia:

—¿Por qué si no? —y alcé los ojos mirando al cielo.

No puedo dejar que piense que soy demasiado buena.

¡HORA DEL CUENTO DE TERROR!

Esta noche voy a contar mi historia. Apenas puedo contenerme. Sé que las demás chicas están tan nerviosas como yo, ¡o incluso más!

Todo el mundo se inclina hacia mí cuando empiezo a contar la historia, con voz *susurrante*. Pongo la linterna bajo mi barbilla como hacen en las películas para que mi cara parezca el doble de escalofriante.

—Un hombre llamado Mr. Jones caminaba por una calle totalmente *silenciosa*, de noche, supertarde —empiezo—. Oyó un golpeteo... esperad, no... oyó un ruido que sonaba como... *¡pom-pom!* Como era muy curioso, siguió el ruido hasta llegar a una casa vieja e inquietante.

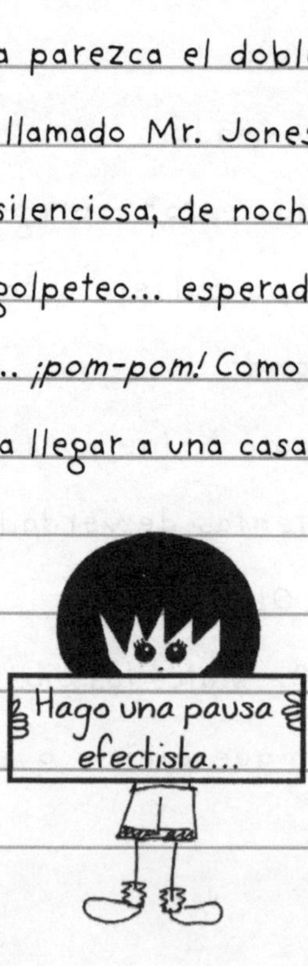

»El *¡pom-pom!* cada vez sonaba más y más fuerte. La verdad es que Mr. Jones no quería entrar en aquella casa vieja y fantasmagórica. O sea, que parecía salida de un cuento de fantasmas. De los superescalofriantes. Pero no se resistía a saber qué causaba aquel ruido. Así que se acercó a la casa y lentamente giró el pomo de la puerta principal. El *¡pom-pom!* sonaba más y más fuerte. Mr. Jones siguió el ruido y subió lentamente por las escaleras, que crujían bajo sus pies, y donde el *¡pom-pom!* sonaba ¡todavía más fuerte! El corazón prácticamente se le salía del pecho. Pero Mr. Jones no era demasiado listo, porque siguió avanzando hacia los golpes... hasta el desván.

»El *¡pom-pom!* era tan fuerte que casi tenía que taparse los oídos. Abrió la puerta del desván y dentro había un baúl antiguo y polvoriento. El *¡pom-pom!* salía del interior del baúl. Temblando de miedo, Mr. Jones manipuló con torpeza la cerradura y rápidamente levantó la tapa.

Entonces bajo la voz todavía más y en un susurro digo:

—¿Y adivináis lo que encontró dentro?

—Atención... atención... —hago una larga pausa—: *¡Pompones* de chocolate!

No me esperaba PARA NADA esta clase de reacción. ¿Dónde estaban las carcajadas? ¿Dónde los temblores de terror?

Y luego todos se pusieron a tirarme nubes. ¡La Prisci ni siquiera lo impidió!

De hecho, ¡creo que ella también me tiró algunas!

A CONTINUACIÓN...

Después, queríamos hacer sándwiches con galletas rellenas de nubes y chocolate, así que tostamos nuestras nubes en el fuego. Normalmente soy muy buena haciendo varias cosas a la vez. Pero ¿esta noche? No demasiado. Supongo que me cuesta concentrarme.

Cada vez que algo prende en llamas me pongo bastante histérica, desde que una vez Nona y yo intentamos darle un baño a un gatito sucio (fue idea de ella) y encendimos velas (también fue idea suya), y el baño entero se incendió.

Así que me pongo a soplar como una loca sobre mi nube.

Soplar fue mala idea. Porque hizo más grande la llama. Y que la nube saltara al pelo de la chica que estaba a mi lado.

Pero solo le chamuscó las puntas. Así que en el fondo no fue tan malo como todo el mundo hizo que pareciera.

Hasta me ofrecí a cortarle las puntas quemadas, ya sabéis, para pedirle perdón.

De hecho, ¡creo que ella también me tiró algunas!

PREPARANDO LA BROMA

Hemos estado urdiendo un plan, sin hacer NINGUNA broma. A propósito. La primera parte de nuestro plan era no hacer nada. Tiene sentido: esperamos hasta que las monarcas crean que nos hemos retirado y, en el último momento, cuando menos se lo esperan, atacamos.

Como una serpiente

Nuestro plan consiste en entrar con mucho sigilo de madrugada en la cocina, cuando todos estén dormidos. Khloe tiene una llave y "se le caerá sin querer" junto a la litera de Olivia. Entonces nos escaparemos convenientemente y tomaremos los "ingredientes" de nuestra lista. Como hicieron las monarcas, porque hemos descubierto que entraron en la cocina cuando forraron de plástico la entrada de nuestra cabaña.

RECETA PARA EL DESASTRE

1. Nata montada
2. Mantequilla de cacahuete
3. Gelatina en polvo
4. Huevos
5. Una lata cualquiera de comida

¡EL DÍA DE LA BROMA!

Nuestra broma se llama "¡A la rica comida!". Y en realidad es un montón de bromas a la vez. A cada una de nosotras le toca una.

2 HORAS DESPUÉS DE IRSE A LA CAMA

La Prisci tomó una lata de fabada y la usó para dejar un poco entreabierta la puerta de la cabaña de las monarcas. De esta manera podríamos entrar y salir a escondidas sin hacer demasiado ruido. Nos hizo señas con la mano para que fuéramos ya.

Olivia tomó un tarro de mantequilla de cacahuete y entró la primera. Iba a poner un poco de mantequilla en las manos de las monarcas dormidas. Con suerte estarían en una posición que le permitiera hacérselo a la mayoría. Tardó más de lo que esperábamos, pero al final asomó por la puerta entrecerrada, y mientras volvía corriendo, agachada, avisó a la siguiente.

Era Bethanie, que llevaba un cartón de huevos. Su trabajo consistía en colocar un huevo dentro de todos los zapatos que encontrara junto a las literas.

—¡Venga, Makayla! —susurré cuando vi que Bethanie volvía.

Por la puerta de nuestra cabaña asomaban todas nuestras cabezas, para no perder detalle de las tareas que iba cumpliendo cada una.

Makayla había puesto el día anterior tres latas de nata montada en el congelador. Esta noche iba a colocar cada una en un calcetín (para disimular el frío) y meter los calcetines en tres de los sacos de dormir de las monarcas.

En cuanto hubo terminado, Gabby y yo fuimos para allá a la vez, porque éramos las últimas que quedaban. Yo me encargaba de meter gelatina en polvo en los sacos, y Gabby globos de agua.

Después volvimos a nuestra cabaña para partirnos de risa todas juntas.

¡LLEGÓ EL MOMENTO!

Fue una hora más tarde. Nos precipitamos hacia el árbol de la campana. Tiramos de la cuerda, para hacer que los tañidos fueran lo más fuertes y largos posibles. Sabíamos que nos iban a pillar, pero para eso lo hacíamos.

Estoy segura de que las monarcas se despertaron sobresaltadas, porque oímos algunos quejidos y gruñidos y alguien gritó: "¿Qué pasa?". Pero como estaban todavía medio dormidas, no sabían lo que estaba ocurriendo. Si todo salía como habíamos planeado, se restregarían la mantequilla de cacahuete que tenían en las manos por la cara, el pelo... todo lo que tocasen. Y más o menos en ese momento, tres de las chicas se darían cuenta que había algo en su saco de dormir.

Dejamos de tocar la campana. No podíamos contener la risa, a pesar de que queríamos estar en silencio.

—Ahora, cuando intenten levantarse, explotarán los globos de agua —susurré— y los botes de nata montada...

—¡BUM! —dijo Bethanie, entre risitas—. ¡Estallarán a lo bestia!

Gabby soltó una carcajada:

—¡Y el polvo de gelatina les teñirá la piel de un precioso tono azulado!

Justo entonces (como perfectamente sincronizados) oímos chillidos. La gente de las demás cabañas ya había salido para ver por qué sonaba la campana; todavía estaba oscuro.

Las monarcas se habían puesto los zapatos a toda velocidad, aplastando los huevos que tenían dentro y pringándose totalmente los pies. Luego salieron corriendo de su cabaña pero al vernos, se pararon en seco. Nos retorcíamos de la risa. Por la cara de sorpresa que tenían se notaba que no se esperaban que hubiéramos hecho algo así.

Pero lo hicimos. Queríamos el honor de ser las autoras de LA MEJOR BROMA DEL MUNDO MUNDIAL.

A LA MAÑANA SIGUIENTE...

EXCURSIÓN SECRETA

Pues las damas pintadas, las de la cabaña más tranquila de todas (casi me olvidé de que existían), ganaron la excursión secreta con una cabaña de chicos. Aunque me ha dado igual. No habremos ganado más puntos, pero definitivamente nos hemos divertido más que nadie. Además, la excursión es bajar por el río en kayak. Y la verdad es que prefiero no acercarme a nada que se parezca mínimamente a una piragua.

EL BAILE

Los monitores transformaron el comedor en una sala superchula con globos de helio y juegos de luces. Hasta había un DJ.

Entonces pusieron una canción lenta. Nona y yo nos apartamos a un lado de la sala para sentarnos y recuperar el aliento. Duró solo cinco segundos. Simon, el friki informático, se nos acercó.

Antes de poder darme cuenta del hecho de que hubieran sacado a bailar a Nona, Jackson estaba ya delante de mí, mirándose los pies, con las manos en los bolsillos.

—¿Quieres... ejem... quieres bailar?

¿YO? ¡Un chico me ha pedido A MÍ que baile con él! ¡Cómo voy a decir que no!

Y EL RESTO ES HISTORIA...

Con que queréis saber más, ¿eh? Bueno, pues Jackson dijo que yo le gustaba un montón y me dio su número de móvil para que pudiéramos mandarnos mensajes cuando acabe el campamento. Dijo que le gusté desde el día aquel tan humillante ¡porque yo era superdivertida!

Y después dijo:

—Pues resulta que yo también soy bloguero en mi instituto.

¿He mencionado alguna vez lo rápido que se extienden los rumores?

Sí, igual que los secretos. ¿Cómo ha descubierto que tengo un blog?

Al ser nuestra última noche en el campamento nos retrasaron el toque de queda. Y después del baile hicimos una hoguera de despedida. No tengo demasiado claro qué era lo que me esperaba exactamente, pero definitivamente no era la tristeza.

Quiero decir, estábamos ahí, sentados alrededor del fuego, todos de la mano. Cantamos algunas canciones cursis de campamento, pero fue divertido. Y después todos prometieron volver el año que viene. Y ahí fue cuando se me puso el nudo en la garganta. Porque... ¡quién lo hubiera dicho! No estaba preparada para irme al día siguiente.

¡ADIÓS, RÓMPETE UN DEDO DEL PIE!

Así pues, el campamento de verano no se había parecido en nada a lo que me esperaba. Estoy segura de que si mis padres hubieran sabido que me mandaban a un lugar con Bigfoots (¿o se dirá Bigfeet?), gatos salvajes con rabia, nubes de caramelo en llamas y guerras de comida, se lo habrían pensado dos veces. Pero me alegro de que me obligaran a venir, porque mi verano ha sido mucho más interesante y divertido de lo que habría sido en casa. Y ni siquiera intenté ser sofisticada (de hecho, se me olvidó que debía serlo a mitad del campamento), pero a pesar de eso he hecho un montón de amigos nuevos. Por no mencionar ¡que me ha tocado la mejor cabaña del mundo!

Todavía me pregunto cómo descubrió Jackson que soy bloguera.

Todas las chicas de la cabaña Mechón Gris pusieron una de las pegatinas de su baúl en el mío. Así que ahora tengo algo para recordar a cada una. Y mi baúl está supermono. ¡Genial!

Salimos del campamento más o menos todos a la vez, pero no todos los padres son puntuales a la hora de recogernos. Mi padre no lo es.

Olivia se acerca a mí rápidamente y me da una nota doblada antes de irse, que me guardo en el bolsillo. Probablemente sea uno de sus dibujos.

Una vez que hemos bajado la colina hasta donde debemos esperar a nuestros padres, Jackson viene hacia mí. Tendría que preguntarle por el blog, para saber por fin cómo se ha enterado. Pero debe ser lejos de la gente, para que nadie lo escuche. Nos sentamos detrás de un árbol mientras Nona se queda con nuestro equipaje.

Y entonces, justo cuando voy a preguntarle por su blog, ¡me besa!

¡Me han dado un beso de verdad! ¡A mí, Sofía Becker! Creo que veo fuegos artificiales y polvo de hadas y otras cosas mágicas.

Si fuera un muñeco de nieve, ya me habría derretido

¡PAPÁ ESTÁ AQUÍ!

Sigo todavía tan impactada que apenas puedo hablar. Me muero de ganas de contarle a Nona lo que acaba de ocurrir. Aunque tengo el presentimiento de que ya sabe que ha pasado algo, porque voy de un lado a otro con una sonrisa en la cara y no para de mirarme y de decir: "¿Qué?".

Cuando mi padre aparca, me doy cuenta de que en realidad es mi madre la que sale del coche. Viene corriendo hacia nosotras y nos abraza a mí y a Nona. Supongo que la he echado de menos, tanto como ella a mí.

—¿Dónde está Halli? —pregunto.

—Está en casa con papá. ¡Me moría de ganas de veros! —entonces baja la mirada hacia nuestras deportivas embarradas—. Por favor, limpiaos las zapatillas antes de entrar en el coche —dice mamá, alias la Impoluta.

Nona toma eso como excusa para quitarse los zapatos.

Me agacho y despego una hoja que tengo en el lateral de la deportiva, cuando mi madre chilla:

—¡NO TOQUES ESO! ¡Es una ortiga!

La suelto como si se tratase de una nube en llamas.

—¡Oh, no! Ahora tienes que lavarte las manos. Y poner los zapatos en bolsas de plástico. ¿Alguien tiene guantes? No toques nada, y cuando digo nada digo NADA, hasta que no llegues a casa y te des una ducha CALIENTE.

Ni siquiera me escucha cuando intento explicarle que creo que soy inmune a estas cosas venenosas.

—¡Ah, y mira lo que he comprado en la tienda del *camping* para tu hermana! —mi madre levanta un body que pone "Krakatow" por delante. Quién sabe, a lo mejor Halli vendrá aquí algún día.

—¿Qué es esa nota que te dio Olivia? —pregunta Nona.

Saco el papel de mi bolsillo y lo desdoblo.

Y no se lo había contado a nadie. Quizás no fuera tan mala, después de todo.

—¿Qué ha sido lo que más os ha gustado del campamento, chicas? —pregunta mi madre.

Nona y yo nos miramos. No sabemos ni por dónde empezar...

RECUERDOS DESDE...
EL CAMPAMENTO
KRAKATOW

AGRADECIMIENTOS

No es un secreto que los lectores de los Diarios de Sofía son los mejores. Los mejores del mundo mundial. Gracias a todos los seguidores y lectores, y de forma extraespecial a los fans superblog-fantásticos que me hicieron sonreír:

Asia Kalvelage, Jasmine A. Anderson, Anastasia Ervin, Alissa French, Halli Boman, Eric y Maddie Moss, Emily McLaughlin, Emmi Pargament, Hailey Cooper, Seraya Hamilton, Makayla DeMario, y Emily, Bethanie y Annelise Borst.

LA AUTORA

ROSE COOPER es una escritora de libros para niños, ilustradora y artista autodidacta. Sus obras se pueden encontrar en galerías, ferias de arte y festivales. Escribir para niños le ofrece la excusa perfecta para mantenerse en contacto con su niña interior y no crecer nunca de verdad. Vive en Sacramento, California, con su marido, Carl, y sus tres hijos. Puedes visitar su web en: rose-cooper.com

¡HASTA LA PRÓXIMA!

Ah... ¡Espera!

Si todavía no has leído mis otros diarios,

no te pierdas ni una de sus escandalosas páginas.

Este libro se terminó
de imprimir en Madrid,
en el mes de mayo de 2013